中国文化知识读本

ZHONGGUO WENHUA ZHISHI DUBEN

唐宋散文八大家

金开诚◎主编 孙东平◎编著

吉林出版集团有限责任公司
吉林文史出版社

图书在版编目（CIP）数据

唐宋散文八大家 / 孙东平编著 . 一长春：吉林出
版集团有限责任公司：吉林文史出版社，2009.12（2022.1重印）
（中国文化知识读本）
ISBN 978-7-5463-1985-8

Ⅰ.①唐… Ⅱ.①孙… Ⅲ.①唐宋八大家－人物研究
②唐宋八大家－文学研究 Ⅳ.① K825.6 ② I206.2

中国版本图书馆 CIP 数据核字〔2009〕第 237405 号

唐宋散文八大家

TANGSONG SANWEN BADAJIA

主编／ 金开诚 　编著／孙东平
项目负责／崔博华　责任编辑／曹恒　于涉
责任校对／王文亮　装帧设计／曹恒
出版发行／吉林文史出版社　吉林出版集团有限责任公司
地址／长春市人民大街4646号　邮编／130021
电话／0431-86037503　传真／0431-86037589
印刷／三河市金兆印刷装订有限公司
版次／2009 年 12 月第 1 版　2022 年 1 月第 8 次印刷
开本／650mm×960mm　1/16
印张／8　字数／30千
书号／ISBN 978-7-5463-1985-8
定价／34.80元

关于《中国文化知识读本》

文化是一种社会现象，是人类物质文明和精神文明有机融合的产物；同时又是一种历史现象，是社会的历史沉积。当今世界，随着经济全球化进程的加快，人们也越来越重视本民族的文化。我们只有加强对本民族文化的继承和创新，才能更好地弘扬民族精神，增强民族凝聚力。历史经验告诉我们，任何一个民族要想屹立于世界民族之林，必须具有自尊、自信、自强的民族意识。文化是维系一个民族生存和发展的强大动力。一个民族的存在依赖文化，文化的解体就是一个民族的消亡。

随着我国综合国力的日益强大，广大民众对重塑民族自尊心和自豪感的愿望日益迫切。作为民族大家庭中的一员，将源远流长、博大精深的中国文化继承并传播给广大群众，特别是青年一代，是我们出版人义不容辞的责任。

《中国文化知识读本》是由吉林出版集团有限责任公司和吉林文史出版社组织国内知名专家学者编写的一套旨在传播中华五千年优秀传统文化，提高全民文化修养的大型知识读本。该书在深入挖掘和整理中华优秀传统文化成果的同时，结合社会发展，注入了时代精神。书中优美生动的文字、简明通俗的语言、图文并茂的形式，把中国文化中的物态文化、制度文化、行为文化、精神文化等知识要点全面展示给读者。点点滴滴的文化知识仿佛颗颗繁星，组成了灿烂辉煌的中国文化的天穹。

希望本书能为弘扬中华五千年优秀传统文化、增强各民族团结、构建社会主义和谐社会尽一份绵薄之力，也坚信我们的中华民族一定能够早日实现伟大复兴！

【目录】

一　唐宋八大家之首——韩愈

韩愈像

（一）生平简介

韩愈（768—824年），字退之，唐代文学家、哲学家。河阳（今河南焦作）人。祖籍河北昌黎，世称韩昌黎。他与柳宗元同为唐代古文运动的倡导者，主张学习先秦两汉的散文语言，破骈为散，扩大文言文的表达功能。苏轼称其为"文起八代之衰"，明人推他为唐宋八大家之首。此外，他还是一个语言巨匠，善于使用前人词语，并加以提炼。如"落井下石""杂乱无章"等成语都是经过他的提炼并流传至今。

韩愈出生在一个书香门第的官僚地主家庭。他3岁时父母双亡，在其兄嫂的抚养下，"自知读书，日记数千百言，比长，尽能通六经、百家学"。韩愈从幼年时便饱尝寄人篱下之苦和长期颠沛流离的艰辛，经历兵荒马乱、动荡不安的岁月。这种经历促使他早熟，形成了较强的自我奋斗精神。他25岁考取进士，但此后三试于吏部而未成。贞观十八年，他经人推荐进入官场，后官至吏部侍郎。韩愈在政治上很有作为，其教育思想在历史上也影响深广。他曾做过四门博士、国子博士、国子祭酒，直接从事教育和教学工作。在任地方官时，他十分重视兴办教育事业，曾写下了《子产不毁乡学颂》，歌颂了郑子产不毁乡学的行为。他做潮州刺史时，曾拿出自己的俸禄来兴办州学。韩愈继承了儒家以道德治天下的思想，要求教育要"明先王之道"，使人们明白"学所以为道"。为了培养人才，他主张整顿国学，改革招生制度，扩大招生范围。他以实际才学为标准，严格选任学官，曾荐举校书郎张籍担任国子博士，其理由是张籍"学有师法，文多古风，沈默静退，介然自守，声体行实，光映儒林"。在他任职期间，国子监新增属官，一律任用儒生，并经过

韩愈从小寄人篱下

唐宋八大家之首——韩愈

严格考试。韩愈不仅重视人才的培养，而且十分重视人才的选拔。他根据自己走科举之路的切身体会，抨击了科举选士的弊端："有司者，好恶出于其心。"

（二）韩愈散文的艺术美

韩愈散文，雄奇奔放、气势高亢，富于曲折变化而又流畅明快。其代表作《师说》立意高远、气势雄浑、语言练达、论辩有力，充分体现了散文艺术美的生动内涵，给"时世"以石破天惊之响，送"时人"以震聋发聩之音，历来脍炙人口，传诵不衰。我们就以《师说》为例，欣赏一下韩愈散文的艺术美。

韩愈纪念馆

1. 立意美

联系作品的社会背景、作者的生平经历等实际情况，我们可以清楚地看到《师说》庄重高远的崭新立意，这种崭新的立意让人耳目一新、正义凛然。

首先，坚持走正道的人格立意。"不拘于时"之"时"是时俗，指当时耻于从师的社会风气。唐代时，魏晋以来的门阀制度仍有沿袭，贵族子弟都入弘文馆、崇文馆和国子监学习。当时上层士族子弟，不管品德智能高低，凭着高贵的门第，生来就是统治者，因而都"尊家法"而"鄙从师"。到了韩愈所处的中唐时代，这种风气仍然存在，上层"士大夫之族"

魏晋时代，门第比个人的才能品德更重要

韩愈提出了全新的"师道"思想

不仅自己不从师学习，而且反对像韩愈这样"公然为人师"，对从师学习之人"群聚而笑之"。韩愈以道统继起者自命并身体力行，高标师道，正义凛然，充分表现了其不随波逐流、无畏无惧的崇高人格。透过《师说》，我们可以清楚地看到韩愈反对流俗的巨大勇气和坚持真理的可贵精神。可以说，《师说》是一篇人格宣言。韩愈突破了过去一般人对教师职责认识的局限，把教师的职责从"授之书而习其句读"，扩大到"传道受业解惑"，打破传统师法森严的壁垒，把师与弟子的关系社会化了，提出崭新的、进步的"师道"思想。

　　其次，庄重而正统的儒道立意。韩愈最突出的主张是重新塑造儒家道统，超越西汉以后的经学而复归孔、孟之道。韩愈受幼年的家庭教养以及天宝以来复古主义思潮的影响，以孔孟之道的捍卫者、继承者自居。而"圣人无常师""三人行，则必有我师"，既说明了从师学习的必要性，也说明了从师学习的原则，并为第二段"古之圣人，其出人也远矣，犹且从师而问焉"提供了佐证。韩愈认为"师者，所以传道授业解惑也"。"道"，主要是儒家思想、孔孟之道，是封建的伦理道德制度。"博爱之谓仁，行而宜之之谓义，由是而之焉

韩愈最突出的主张就是对儒家道统的塑造

之谓道"（《原道》）。"业"就是承载这一思想的儒家经典著作。"惑"是指学习这些著作时碰到的疑难问题。"传道""师道"的目的是维护和巩固当时的封建秩序，其实就是在传承儒道，弘扬儒家思想。《师说》真可谓微言大义。

2.气势美

首先，文章开篇就以"古之学者必有师""人非生而知之者"振起全篇，理强气直，意高辞严，铿锵有力，而毫无遮掩之态，明确指出从师学习的必要性和重要性，起到了先声夺人、不容置疑的效果。继而明确指出"师"的职能是"传道受业

孔子说教场面

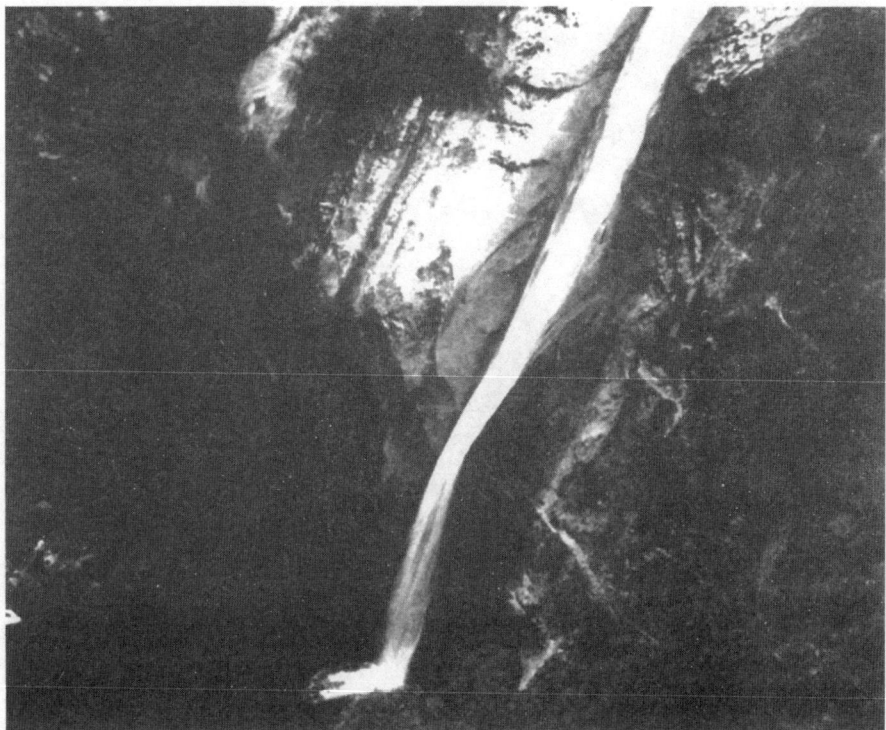

作者笔锋突转，似银河落水，飞流直下

解惑"。接下来紧承"解惑"推论出无师则"惑不解"，这里语语庄重，句句明旨。行文至此，作者笔锋突转，似银河落水，飞流直下，毫无顾忌、斩钉截铁地以庄谐兼备之法进行了三层对比，特别是紧扣"古今""长幼""贵贱""小大"等互为相对的可比点进行了讽谕式的对比，抨击了"今愚"者的耻师行径。文章的谐趣益见彰明，却又谐而不谑，以三种不同的语调，即先疑问、后肯定、再感叹，引出三层对比的结语不但发人深省，一唱三叹，整饬庄重，而且感情色彩浓烈，淋漓尽致地显

《师说》感情色彩浓烈，情理相融

示了对耻师者的鄙夷和蔑视！而最后一节在纵横前后的"正题"发挥之后，忽然转到"李氏子蟠"身上来，突入轻松情怡的气氛中，让人顿生"柳暗花明又一村"之感，营造了张弛有致、"语有尽而意无穷"的效果。联系全文，我们却又深知这一节并非是"闲笔"，恰恰是其道出了韩愈作文的目的，且与开篇之"古之学者"之论遥相呼应。

《师说》庄谐并用，情理交融，笔端处处流露锋芒，嬉笑怒骂，批驳讽刺，谐趣横生。文中的情与作者的浩然之气所产生的正义力量是一致的，情随气生，气助情发，情与理合，从而形成了一股不可遏抑的冲动，不枝不蔓，纵横淋漓，字字有力，汹涌不绝。这种意、情、气、理的合一，使文章虽云短制，却可敌长篇，显得内容丰富，既具有了极强的说服力，也具有了浑浩流转的宏盛气势。

3. 语言美

唐代的古文运动崇儒复古，提倡散体，为唐代散文革除六朝骈文旧习影响作出了巨大贡献。作为古文运动的倡导者和实践者，韩愈以其反对流俗的巨大勇气和优秀的古文创作，为该运动的后继者树立了学习的榜样。《师说》不仅具有积极彰显的进步意义和解放精神，而且"闳中肆外"，气盛言宜，变化百出，充分表现了散体古文的语言艺术美。

首先，"文以明道"，言之有物。由儒学复兴和政治改革所触发，以复古为新变的文体文风改革的核心是"文以明道"。这一主张与现实政治紧相关联，也成为宣传封建伦理道德观念的理论依据。韩愈一再说自己"修其辞以明其道"（《争臣论》），其主要目的，就是用"道"来充实"文"的内容，使"文"成为参与政治的强有力的舆论工具。韩、柳明确提出"文以载道"的主张，倡导古文运动，主张文章要像先

《师说》具有积极的进步意义和解放精神

韩愈将浓郁的情感注入字里行间

秦两汉散文那样言之有物，杜绝空谈，要阐发孔孟之道；反对六朝以来单纯追求形式美、内容贫乏的骈骊文章；语言要新颖别致，对那些"言之有物"的古文也要"师其意而不师其词""言贵创新，词必己出""唯陈言之务去"。

其次，"不平则鸣"，文以生情。韩愈将文体文风的改革作为其政治实践的重要部分，赋予"文"以强烈的政治色彩和鲜明的现实品格，创作了大量饱含政治激情、具有强烈针对性和感召力的古文杰作。以《师说》为例，作者将浓郁的情感注入字里行间，强化了语言的抒情特征和艺术魅力，把古文提高到真正的文学境地。《师说》强烈的感情色彩，是"不平则鸣"的产物。文中的情与理交融，感叹句和问句的巧妙穿插，都给人以情的流溢与理昭意明之感。

其三，"言贵创新"，文笔生动。文笔上，整篇文章从虚到实，又从实到虚，有破有立，虚实结合。谈理论，却又不是空发议论；讲事实，也不是简单的现象罗列。"其皆出于此乎""惑矣""吾未见其明也""其可怪也欤"，情感逐层递进，言辞愈来愈激烈。文意所致，加之"嗟呼""呜呼"等叹语，短促而有力，与"也……矣"的复唱，气势连贯，雄健明快。像这样灵活变化又情理气交融的语言，《师说》中不乏其例。句式上，全文整齐的排偶句和灵活的散句交错运用，配合自然，使语言奇偶互现，错落有致，气势雄壮，在重视辞采、语言和技巧上建立了新的论说文的美学规范和秩序。修辞上，《师说》的引用或直接或间接，都显得自然妥帖，羚羊挂角，无迹可寻。《师说》有时还采用摹拟之法以产生更强烈的讽刺力量。如"彼与彼年相若也，道相似也"，摹拟士大夫语气维妙维肖又不露痕迹。《师说》中的顶真也是随势而生，毫不雕琢，如盐撒水，有味而不见痕迹。顶真的运用，

《师说》的语言气势雄浑，自然妥帖

韩愈力求其新，开辟了新的古文发展道路

不仅增强了文势，使论述的内容更为鲜明，而且能产生特殊的语言韵味，让人们咀嚼回想。

《师说》反映了现实社会斗争的需要，严正驳斥了愚蠢的诽谤者，"郁于中而发于外"，表现了韩愈作为崇儒复的倡导者反对流俗见解的巨大勇气和斗争精神。可以说作《师说》是韩愈为了维护儒家道统，抵制由魏晋以来制度、佛教影响等造成的"耻于从师"的社会风气所作的一次巨大努力。《师说》是韩愈倡导古文运动的一篇庄严宣言，其本身也充分实践了韩愈关于古文文体、文风改革的理论，具有高度的艺术性，其艺术美的特征因子滋养惠泽了一代又一代散文家。

后人对韩愈评价颇高，尊他为唐宋八大家之首。杜牧把韩文与杜诗并列，称为"杜诗韩笔"；苏轼称他"文起八代之衰"。韩柳倡导的古文运动，开辟了唐以来古文的发展道路。韩诗力求新奇，重气势，有独创之功。韩愈以文为诗，把新的古文语言、章法、技巧引入诗坛，增强了诗的表达功能，扩大了诗的领域，纠正了大历（766—780 年）以来的平庸诗风。但也带来了讲才学、发议论、追求险怪等不良影响。

二　『发纤秾于简古，寄至味于淡泊』——柳宗元

柳宗元塑像

（一）生平简介

柳宗元，字子厚，世称"柳河东"，因官终柳州刺史，又称"柳柳州"。唐代文学家、哲学家、散文家和思想家，与韩愈并称为"韩柳"。刘禹锡与之并称"刘柳"。王维、孟浩然、韦应物与之并称"王孟韦柳"。是唐宋八大家之一，祖籍河东（今山西永济），汉族。代宗大历八年（773年）出生于京都长安（今陕西西安）。与韩愈共同倡导唐代古文运动。

柳宗元出身于官宦家庭，少有才名，早有大志。早年为考进士，文以辞采华丽为工。贞元九年（793年）中进士，十四年登博学鸿词科，授集贤殿正字。一度为蓝田尉，后入朝为官，积极参与王叔文集团政治革新，迁礼部员外郎。永贞元年（805年）九月，革新失败，贬邵州刺史，十一月加贬永州（今湖南零陵）司马，在此期间，写下了著名的《永州八记》（《始得西山宴游记》《钴鉧潭记》《钴鉧潭西小丘记》《小石潭记》《袁家渴记》《石渠记》《石涧记》《小石城山记》）。元和十年（815年）春回京师，又出为柳州刺史，政绩卓著。宪宗元和十四年十一月初八（819年11月28日）卒于柳州任所。

柳宗元画像

柳宗元一生留诗文作品达六百余篇，其文的成就大于诗。骈文有近百篇，散文论说性强，笔锋犀利、讽刺辛辣、富于战斗性，游记写景状物，多所寄托。哲学著作有《天说》《天时》《封建论》等。柳宗元的作品由唐代刘禹锡保存下来，并编成集。有《柳河东集》。

（二）散文中的禅宗思想

唐朝中期，参禅悟道，是文人的风尚。许多文人冬禅宗中感悟现实，从而影响他们的文学创作，柳宗元正是这其中的一个。其佛教思想的产生，既与家庭影响熏陶有关，也与当时社会崇尚佛教以及唐王朝实行儒、道、释三教调和的思想统治策略有关，更与"统合儒释"的思想风气在当时官僚士大夫中盛行有关。除此之外，柳宗元在政治上遭受严重打击，被一贬再贬，"既罹窜逐，涉履蛮瘴"，便于佛益笃。一方面，他受"统合儒释"思想的支配；另一方面，他更需要利用佛教禅宗的"静观默照"来消释和排遣精神上以及肉体上的极端痛苦。柳宗元的大量散文创作，深深地打上了其佛教禅学思想的烙印。

1. 就佛言佛，不入一儒语

柳宗元的很多作品直接宣扬佛教旨意，这在释教碑铭文中最为集中。《曹溪大鉴禅师碑》等十一篇碑铭文全部是宣扬

柳宗元的散文作品有着佛教禅学思想的烙印

佛法、阐述禅意、赞美禅师之文。如《龙安海禅师碑》，赞扬龙安海禅师"北学于惠隐，南求于马素，咸黜其异，以蹈乎中。乖离而愈同，空洞而愈实。作《安禅通明论》，推一而适万，则事无非真；混万而归一，则真无非事。推而未尝推，故无适；混而未尝混，故无归"。这里，柳宗元作此碑文"摭天竺故典"，并非如有人所言，"作绮语赞僧媚佛而谆谆录之"，而是在统合儒释的思想支配下，以符合儒家道德标准的佛教教义来规范人们的行为。柳宗元对佛教宗旨的宣扬，其主要目的就是统合儒释，以佛济儒。他说："真乘法印，与儒典并用，而人知向方。"对此，明代宋濂说得很中肯："盖宗儒典则探义理之

柳宗元故居——柳侯祠

"发纤秾于简古，寄至味于淡泊"——柳宗元

019

柳宗元先后被贬永州、柳州

精奥，慕真乘则荡名相之篦迹。二者得兼，则空有相资，真俗并用，庶几周流而无滞者也。"

2. 借禅宗消解伤痛

永贞革新失败，是柳宗元人生的一个重大转折点，先后被贬永州、柳州并最终死于任上。在自然生活环境和政治处境十分恶劣的南贬生活中，佛禅确实使他暂时摆脱了宦海沉浮带来的精神痛苦，在失衡的人生境遇中重新获得了心灵的平衡。佛禅强调"自性"和"顿悟"，其实质就是要消除一切欲念、愿望、思虑，超越时空、因果，超越一切有无分别，才能挣脱社会现实的烦扰痛苦，获得从一切世事和所有束缚中解脱出来的自由感。柳宗元深参佛禅的"明心见性"的心性说，也称信佛禅所主张的"随处任真""触境皆如"的随缘自适的人生方式。其《送僧浩初序》中云："凡为其道者，不爱官，不争能，乐山水而嗜闲安为多。吾病世之逐逐然唯印组为务以相轧也，则舍是其焉从。"在这里柳宗元称赞佛僧"不爱官，不争能"的"无心于物"的生活方式，而对"逐逐然唯印组为务以相轧"的尔虞我诈的世俗社会则流露出厌恶舍弃之情。柳宗元有着典范的儒家济世安民的政治理想，积极治世，"以兴尧舜孔子之道，利安元元为务"（《寄许京兆孟容书》）及"以辅时及物为道"（《答吴武陵论非〈国语〉书》）是其参与政治革新的最终目标。在备受贬谪的打击，阅尽世相人生后，才流露出厌恶仕宦、避世离尘之念。熟谙佛理的柳宗元曾言"佛之道，大而多容，凡有志乎物外而耻制于世者，则思人焉"（《送玄举归幽泉寺序》）。这表示他正是为了逃避世俗的名利纷争和现实社会的尘烦俗虑而亲近佛禅的，也正是对佛禅的"即心是佛""无念"等禅义的觉悟开阔了他的人生视野和精神境界，达到了无所滞累、空寂安恬的超世之境。

柳宗元为了逃避现实而亲近佛禅

柳宗元将山水与禅意融为一体

3. 乐山水而嗜闲安

　　柳宗元的山水游记是他文学创作中最为优秀的部分。柳宗元排遣精神苦痛的渠道有两条：一是在佛理禅机中得以超脱；二是在山水之乐中得以安慰。这是他在遭受惨重打击下相对于无尽苦闷中的短暂快乐。其实，柳宗元的山水之乐也不是孤立的，而是在山水之中感受到了禅意。也就是说，他将优美的山水与幽渺的禅意融会在一起，而感受其中之乐。柳宗元的山水游记饱含诗情画意，《永州八记》是其代表作。宋代汪藻品评说："零陵一泉石，一草木，经先生品题者，莫不为后世所慕，想见其风流。而先生之文载集中，凡瑰奇绝特者，皆居零陵时所作。"无论是静态还是动态，无论是"奥如"还是"旷如"，无论是幽深清净，还是奇特瑰玮，很突出的一点，都体现出了他孤独寂寥、远离尘俗的心境。他的这种心境与禅理融合到一起，"美不自美，因人而彰"，便创作出无不形容尽"牢笼百态"的动人佳作，读之令人悠然有出世外之意。他"借对山水的传神写照表现出一种永恒的宇宙情怀，创造出了专属于柳氏的如雪天琼枝般的清冷晶莹之美来"。柳宗元在优游山水美景中增添了自

得自适的情怀，也为我们留下了超脱物外
和物我合一的禅趣的感受。

柳宗元在山水中感受禅机理趣

可见，柳宗元喜好自然山水，走进自
然山水，并不是简单的模山范水，他于气
象万千的自然山水中感受着禅机理趣，追
求物我冥化的超然境界，以消除人生感恨
和尘世机心。并且，在感悟自然山水时，
不断向山水的内在精神深入，将自我精神、
品格渗透其中。于是，自然山水成了他人
格精神的栖息地。

（三）散文的艺术性

柳宗元的散文语言简练生动，文风自

然流畅，幽深明净。他一生创作丰富，议论文、传记、寓言、游记都有佳作。而以山水游记最为脍炙人口，它们在柳宗元手里发展成为一种独立的文学体裁，柳宗元也因而被称为"游记之祖"。柳宗元山水游记的著名代表作是"永州八记"。这"八记"并非单纯的景物描摹，而是往往在景物中托意遥远，抒写胸中种种不平，使得山水也带有了人的性格。我们以《永州八记》看柳宗元散文的艺术美：

1. "天人合一"的艺术追求

我国文学史上的山水散文，虽在南北朝时期初具雏形，但只限于对自然的

唐代时期，我国的山水散文呈现出追求人与自然相融的倾向

热情讴歌。直到唐代，才呈现出人追求与自然合一的倾向。柳宗元可以说是我国山水散文中天人合一艺术追求的第一人。他追求的是"人与大自然合一"的艺术。《始得西山宴游记》（以下简《西山记》）标志着柳宗元天人合一艺术追求的开始。"悠悠乎与颢气俱，而莫得其涯，洋洋乎与造物者游，而不知其所穷"。意思是神思悠悠，与天地元气融为一体，无法找到它的边际；胸怀舒展，与大自然共游，不知它的尽头。"心凝形释，与万化冥合"意思是思虑全消，忘掉了自身的存在，与万物融为一体。这些都是作者精神与宇宙自然的契合。（《钴鉧潭西小丘记》（以下简《小丘记》）云："山之高，云之浮，溪之流，鸟兽之遨游，……悠然而虚者与神谋，渊然而静者与心谋。""谋"，即合，契合之意。作者从自然景观写到天人合一与《西山记》相同，但表现的角度和形式却不同。《西山记》的角度是人向自然的投射、人与自然的契合，而《小丘记》则是自然向人的呈现、自然与人的契合。

《永州八记》呈现出清幽高洁的艺术境界

2. 清幽高洁的艺术境界

清幽的艺术境界，大都是被贬作家艺术心境的投射。作者笔下的一泓潭水是

那样的宁谧、平和，四周又绿树环绕，飞泉高悬。动态的流水表现钴鉧潭的幽深寂静，其用意是营造一种清幽冷寂的艺术境界。"尤以中秋观月为宜，于以见天之高，气之迥，孰使予乐居夷而忘故土者，非兹潭也欤？"文章以其丰富的想象收笔。这里，一股异常幽冷窒闷的气氛在中秋月圆的背景下漫延，一份淡定的情意萦怀，其清幽高洁的艺术境界应笔而出。《小石潭记》以简洁的笔墨描绘小石潭的胜景，营造出凄神寒骨的艺术至境：文章开头以"如鸣佩环"写水声之清脆，则清幽之境初露端倪。"水尤清冽"是全篇的文眼，同时也是凄神寒骨艺术境界的感情基调。

3. 灵活多样的艺术手法

《永州八记》短小精悍、优美动人，描写手法多种多样。在《西山记》中："凡数州之土壤，皆在衽席之下"，山之高可想而知。"尺寸千里"更说明站在西山之巅，千里之外的山光水色仿佛近在咫尺。作者借"数州之土壤"，千里之景色来烘托西山的高峻、人格的高大，收到不同凡响的艺术效果。以动写静，动静结合。《小丘记》以动态写静景，状物工巧逼真，栩栩如生。作者描写石块的奇形怪状不仅把静态景物

作者用千里之景色烘托西山的高峻

"发纤秾于简古，寄至味于淡泊"——柳宗元

《小石潭记》以鱼来写水清，可谓神来之笔

写得生动别致、活灵活现，而且这样的奇石点缀在小丘上，给整幅画面带来了盎然生机和勃勃生气。

以实见虚，虚实相生。《小石潭记》中作者的独创性就在于不写水清，只写游鱼，则澄澈之潭水已粼粼映眼。日光下的蓝天、白云、绿树、翠蔓倒映水中，如此神来之笔，恐怕最高明的画师也难以达到这样绝妙的艺术境界，寓情于景，情景交融。《钴鉧潭西小丘记》在作者眼里，清明之景映目，潺潺之声悦耳，空灵之境入冲，深幽之气沁心。作者的感情、心神完全与周围景物融为一体了。

三 『醉翁之意不在酒』——欧阳修

欧阳修像

（一）生平简介

欧阳修（1007—1072年），字永叔，自号醉翁，晚年号六一居士，谥号文忠，世称欧阳文忠公，汉族，吉安永丰（今属江西）人。宋时期政治家、文学家、史学家和诗人。苏轼兄弟及曾巩、王安石皆出其门下。创作实绩亦灿然可观，诗、词、散文均为一时之冠。散文说理畅达，抒情委婉；诗风与散文近似，重气势而能流畅自然；其词深婉清丽，承袭南唐余风。

欧阳修4岁丧父，随叔父在现湖北随州长大，幼年家贫无资，母亲郑氏以荻画地，教以识字。欧阳修自幼酷爱读

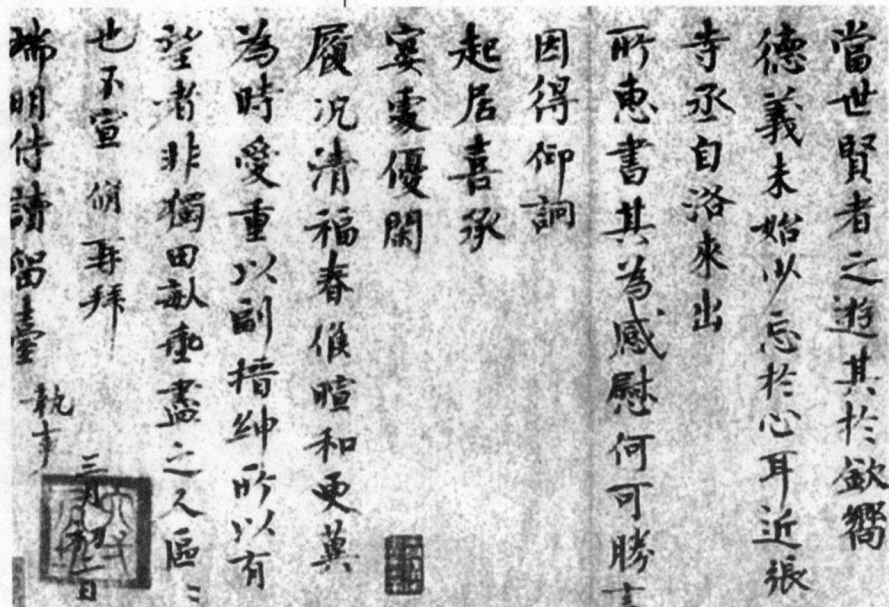

欧阳修《上恩帖》

欧阳修墓

书，常从城南李家借书抄读，他天资聪颖，又刻苦勤奋，往往书不待抄完，已能成诵；少年习作诗赋文章，文笔老练，有如成人。10岁时，欧阳修从李家得唐《昌黎先生文集》六卷，甚爱其文，手不释卷，这为日后北宋诗文革新运动播下了种子。

仁宗天圣八年（1030年）中进士。次年任西京（今洛阳）留守推官，与梅尧臣、尹洙结为至交，互相切磋诗文。景祐元年（1034年），召试学士院，授任宣德郎，充馆阁校勘。景祐三年，范仲淹上章批评时政，被贬饶州。欧阳修为他辩护，被贬为夷陵（今湖北宜昌）县令。康定元

"醉翁之意不在酒"——欧阳修
031

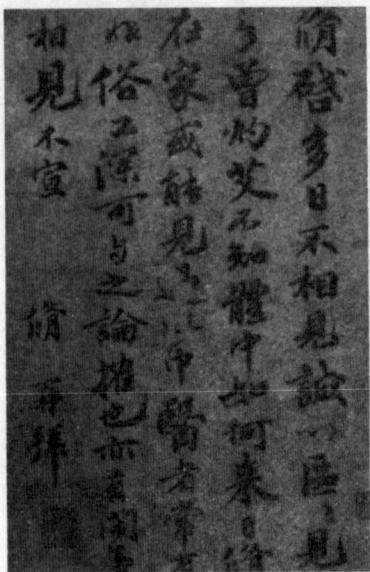
欧阳修《灼艾帖》

年（1040年），欧阳修被召回京，复任馆阁校勘，编修崇文总目，后知谏院。庆历三年（1043年），任右正言、知制诰。范仲淹、韩琦、富弼等人推行"庆历新政"，欧阳修参与革新，提出改革吏治、军事、贡举法等主张。庆历五年，范、韩、富等相继被贬，欧阳修上书分辩，被贬为滁州（今安徽滁县）太守。至和元年（1054年）八月，与宋祁同修《新唐书》，又自修《五代史记》（即《新五代史》）。嘉祐二年（1057年）二月，欧阳修以翰林学士身份主持进士考试，提倡平实文风，录取苏轼、苏辙、曾巩等人。对北宋文风转变有很大影响。嘉祐三年六月庚戌，欧阳修以翰林学士身份兼龙图阁学士权知开封府。嘉祐五年，拜枢密副使。次年任参知政事。后又相继任刑部尚书、兵部尚书等职。英宗治平二年（1065年），上表请求外任，不准。此后两三年间，因被蒋之奇等诬谤，多次辞职，都未允准。神宗熙宁二年（1069年），王安石实行新法。欧阳修对青苗法有所批评，且未执行。熙宁三年，除检校太保宣徽南院使等职，坚持不受，改知蔡州（今河南汝南县）。此年改号"六一居士"。熙宁四年六月，以太子少师的身份辞职，居颍州（今属安徽省）。熙宁五年闰七月二十三日，欧阳修卒于家，谥文忠。欧阳修陵园位于河南省新郑市区西辛店镇欧阳寺村。该园环境优美，北依岗阜，丘陵起伏，南临沟壑，溪流淙淙。陵园肃穆，碑石林立，古柏参天，一片郁郁葱葱，雨后初晴，阳光普照，雾气升腾，如烟似雨，景色壮观，故有"欧坟烟雨"美称，为新郑古代八景之一。

（二）散文中的美学

欧阳修的散文，历代学者推崇备至，誉之为"六一风神"。清代林纾在《春觉斋论文》里对此评论道："世之论文者恒以风神推六一，殆即服其情韵之美。"刘熙载在《艺概·文概》里也说：欧阳公"得

欧阳修陵园

骚人之旨为多"，都强调浓郁真挚的情感抒发和幽婉清丽的意境创造，是欧阳修散文一个最为重要的美学特质。

特别是他的《读李翱文》，更是幽情雅韵，萦前绕后，波澜横生而深于情致。文章第一段就分三层步步推进，先说读了李翱的《复性书》，觉得写得不好，等于在给《中庸》作注，水平高的可以不读，水平低的却又读不懂。接着说读了《与韩侍郎荐贤书》，觉得李翱有愤世之意，认识刚一转，但马上又觉得这可能是出于个人目的，如果他个人能够得志，也许就不会这样愤世了。至此，对李翱的看法虽深入了一层，但情感扑朔而认识摇摆。第三

幽情雅韵，深于情致

层说读到《幽怀赋》，则是读了又读，爱不释手，对李翱也是向往之至，恨不能和他同时，与他交友，共同商讨问题。短短的一段文字，来了三个大的波折，由否定到怀疑再到赞美，情感起伏跌宕，文章迂回曲折。第二段紧承上文，对《幽怀赋》进行评析，以韩愈《感二鸟赋》为陪衬，突出《幽怀赋》不是感叹个人的得失，而是忧虑国家的安危；不是人们的"叹老嗟卑"，而是忧愤于朝廷以天下之大，竟不能平定区区河北藩镇割据。段末又以"呜呼"领起，通过对比，给李翱以极高评价，对"当时君子"以讥讽，一抑一扬，文笔更显纡徐婉曲。至此，"读后感"似可结

《幽怀赋》不是感叹个人的得失，而是忧虑国家的安危

作者于无限悲愤中收束全文

束，但文章又翻出新的波澜。在第三段里，先说李翱"幸不生今时"，若生于今时，"则其忧又甚矣"。接着笔锋一转，反问"奈何今之人不忧也？"随后文章又顺势一折，说今时如有以天下为忧的人，也不免遭排斥贬谪；而那些"光荣而饱"的当权得势者，不仅自己不忧时，且厌听"忧世之言"，甚至加以打击嘲讽。

为此，作者深沉地叹息道："呜呼，在位而不肯自忧，又禁他人使皆不得忧，可叹也夫！"于无限悲愤中收束全文。情感幽婉深蕴，风度气韵高雅不凡，文章起伏跌宕，在回旋往复的咏叹中，造成一种纡徐而来的流动感，给人以情的激荡和艺术美的享受。可以说，欧阳散文中浓郁的情感抒发，都不是一泻而下的，即使是《与高司谏书》，虽为怒极而作，但面对政敌，仍然是节制从容，一句句、一层层地叙事论理，由远及近，由小到大，由轻至重，经四个大的波折，折折转进，才一步步将高司谏推入不仁不义的绝境。结构之细密，笔力之遒劲，"文之曲折感怆，能令古来误国庸臣无地生活"（林云铭《古文析义》）。像这样依次数落下来，竟能使政敌无地自容，文章威势，可见一斑。

欧阳修倡导的散文革新，在本质上是

针对五代文风和宋初西昆体的。但是，宋初某些古文作者，在竞相抛弃华美侈丽时，却又矫枉过正，走上了险怪艰涩的道路，形成了风行一时的"太学体"。欧阳修作为北宋古文运动的领袖，深刻地认识到：无论是侈丽还是险怪，都是不健康的文风，都应予以反对。所以，他不仅发表了许多精辟的见解，从理论上进行纠偏，而且身体力行，以其平淡质直与条达疏畅的散文创作实践，为世人树立了楷模。欧公性情耿直，遇事发愤，有话便说，无所顾忌，作文也是如此。

像庆历三年所作《准诏言事上书》，就提出了"三弊五事"，针对朝廷弊端，

欧阳修以平淡质直的文风为世人树立了楷模

"醉翁之意不在酒"——欧阳修

欧阳修的文章直呈皇上，毫无讳饰

揭露尖锐犀利；谈问题则条分缕析，显得平直剀切。特别是对上下因循的情况，分析得更为透辟，指出朝廷政令是朝令夕改，州县官吏则苟且敷衍，虽"符牒纵横"，却无人遵守，对这种种上下相蒙的情况，作者慨叹道："号令如此，欲威天下，其可得乎！"文章直呈皇上，却毫无讳饰如此，这是要有点胆量的。

他行文自由挥洒，但语言则质朴平实，虽然是综论今古，却毫无艰涩之态，文章既有内涵美和行文美，也具有韵律美和意境美。如《新五代史伶官传序》是有感于后唐庄宗李存勖宠幸伶人，而最后死于作乱的伶人郭从谦之手的一篇史论文章，全文结构紧密，前呼后应，叙事议论交相为用，起、承、转、合得当，章法错落有致；同时运用盛衰对比、欲抑先扬的手法和反复感叹的句式，将作者的深切感慨寄于其中，就显得一唱三叹而情深意长。故清代沈德潜评论道："抑扬顿挫，得《史记》神髓；《五代史》中第一篇文字。"（《唐宋八大家文读本》卷十四）这种着重从政治生活中寻找国家兴亡存败的原因，对穷奢极欲、荒淫腐败的北宋统治者来说，无疑是最有力的告诫，文章的针对性和实用性都是很强的。

欧阳修的文章注重从政治生活中寻找国家兴亡的原因

（三）《醉翁亭记》的艺术美

欧阳修的《醉翁亭记》由一个"乐"字统率全篇，醉和乐是统一的，"醉"是表象，"乐"是实质。作者要表达的政治理想，隐含在乐的深处，文章中的"乐"的程度从无到有，由浅入深，步步深化，

《醉翁亭记》写出山间四时的乐趣

形成了一个"乐"点，吸引读者闻乐而进，寻乐而掘其趣。"乐"是从写景开始的。作者由远及近，选择了最短的路径，让读者沿途揽胜，渐入佳境。开篇数笔，就提供了一个极富乐趣的环境，初步点明了太守之"乐"的自然原因。而后，他把空间静止的景物放到飞跃的时间中描写，一日间的朝暮变化，一年中的春秋相递，特别是抓住最能代表四季特征的野花、佳木、风霜、水石的变化，点出山间四时的乐趣所在，这就成为对太守"乐"的自然原因的进一步说明。应当注意的是，面对四时，作者既未伤春，又未厌夏。从对自然自造化的神秀中领略山光水色那纯真的美，从而排遣自己的愁怀。其在构筑意与境的和谐美上，让人赏心悦目。

首先，山水相映之美。在作者笔下，醉翁亭的远近左右是一张山水画，有山，有泉，有林，有亭，然而，作者又没有孤立用墨，而是交织一体，既各尽其美，又多样统一。"蔚然而深秀"的琅琊山，风光秀奇，迤逦连绵，苍翠欲滴。群山作为背景，一泉环绕而过。林深路曲，泉流弯旋，则"有亭翼然临于泉上"。这里赖于壮丽的群山映衬，就越发显出山泉的清朗，而亭台又偏偏踞临泉上，则别含另一番风光。这样，无山，则酿泉不美；无泉，则青山孤峙。无亭，则山泉失色；有泉，则亭台

醉翁亭

"醉翁之意不在酒"——欧阳修

041

山泉相依，境界优美

增趣。山与泉相依，泉与亭相衬，一幅画中山水亭台，一应俱全，且辉映生色，构置成诗一般的优美境界。

其次，朝暮变化之美。作者写出了醉翁亭早晚变化的优美景色。"日出而林霏开，云归而岩穴暝，晦明变化者，山间之朝暮也"。日上东山，阳光奔泻大地。葱郁的树林本来被薄纱般的雾气笼罩，经日光一照，雾释露消，又显示出清新翠绿的颜色。而到了傍晚，日下西山，暮霭遍地，岩石穴壑一片昏暗。作者传神地写出早晚不同的景色。由于早晚不同，则作者运笔的色调、气氛有别。早晨有宁静之状，清新之息，傍晚则有昏暗之象，薄暮之气。作者对景色变化的观察既深且细，笔触如丝，根据不同的景象写了相异的境界。

第三，四季变幻之美。作者不仅写出了早晚的景色，而且以醉翁亭为中心，把笔墨进一步铺展开去，描写了四季的景物变化。"野芳发而幽香，佳木秀而繁阴，风霜高洁。水落而石出者，山间之四时也"，确是传神笔致。作者在这里仍然细心地选取最富有特征的景物来加以描绘。芳草萋萋，幽香扑鼻是春光；林木挺拔，枝繁叶茂是夏景；风声萧瑟，霜重铺路是秋色；水瘦石枯，草木凋零

是冬景。随四季变换，景物自有不同，各有其境界在，出现了四幅扇面，变化有致，给人以不同的美学享受。同时，四幅扇面又是互相映衬的，春光如海映衬了秋色肃杀；夏日繁茂映衬了冬景寒冽。

变化有致的景物给人以美的享受

总的来说，欧阳修以"醉翁"自称，旷达自放，摆脱宦海浮沉、人世纷扰，在这远离都市的山水之间，把自己的心灵沉浸到闲适、恬淡的情境里，获得了一种平衡、和谐的感受。这种感受渗透在《醉翁亭记》里，使文章如田园诗一般，淡雅而自然，婉转而流畅。

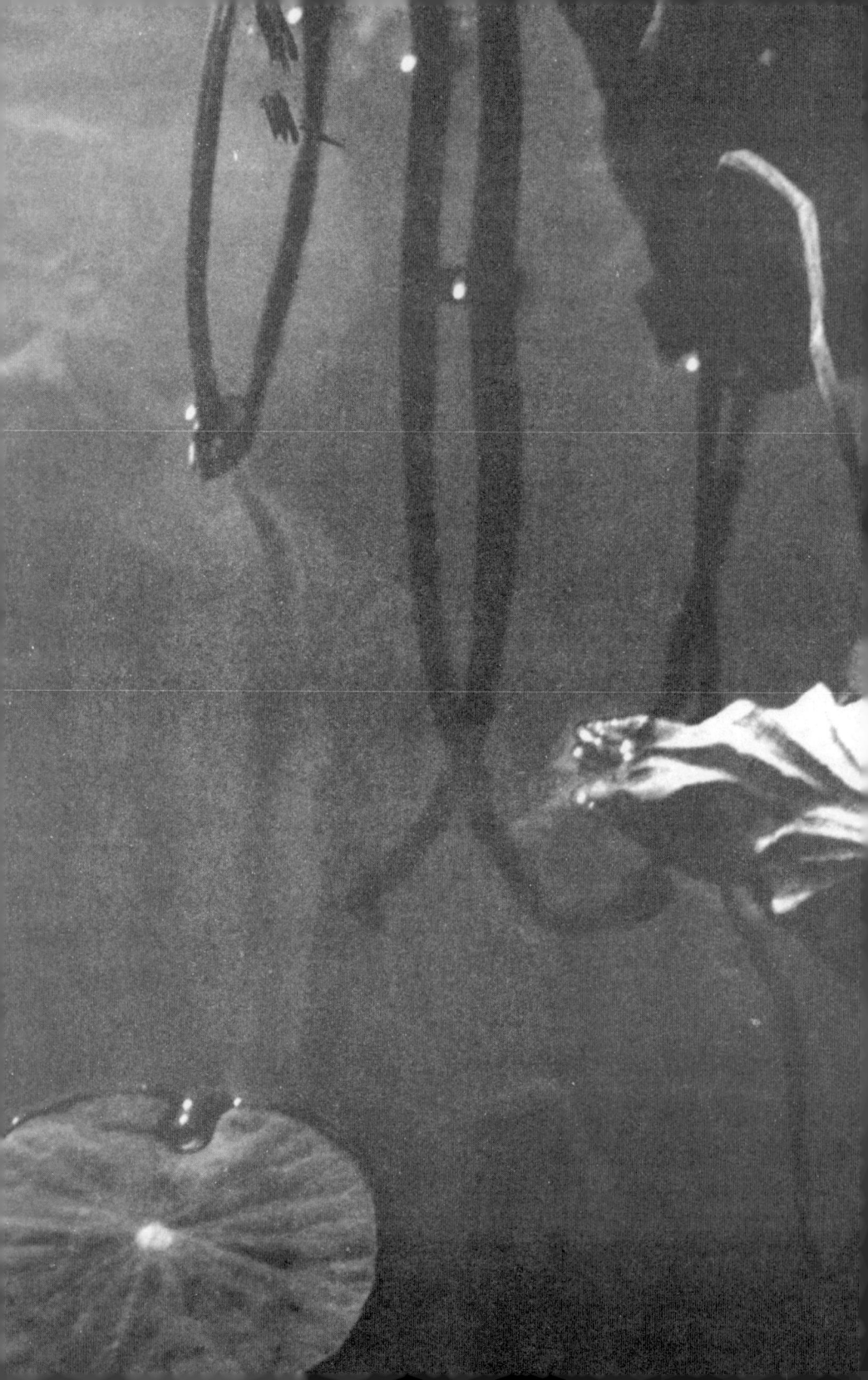

四 『时名谁可嗣，父子尽贤良』——苏洵

苏洵像

（一）生平简介

苏洵，字明允，号老泉，汉族，眉州眉山（今属四川）人，北宋散文家，与其子苏轼、苏辙合称"三苏"，均被列入"唐宋八大家"。长于散文，尤擅政论，议论明畅，笔势雄健，有《嘉祐集》。苏洵出自一个并不显赫的家庭，生于宋真宗大中祥符二年（1009年），卒于宋英宗治平三年（1066年），终年58岁。苏洵年轻时不好学习，据《宋史》本传载，他27岁"始发奋为学"，但在科举考试一途颇不顺，先举进士，后又举茂才异等，皆不中。在唐宋古文八大家中，苏洵功名最薄，官阶最低。在"八大家"中唯独不具进士出身资格，仅在生命的最后几年做过卑微的小官，始终以"布衣书生"自居，具有强烈的平民意识。

欧阳修很赞赏他的《权书》《衡论》《几策》等文章，认为可与贾谊、刘向相媲美，于是向朝廷推荐。一时公卿士大夫争相传诵，文名因而大盛。嘉祐三年，仁宗召他到舍人院参加考试，他推托有病，不肯应诏。嘉祐五年，任为秘书省校书郎。后与陈州项城（今属河南）县令姚辟同修礼书《太常因革礼》。书成不久，即去世，追赠光禄寺丞。

苏洵是有政治抱负的人。他说他作文

苏洵故居——三苏祠

"时名谁可嗣，父子尽贤良"——苏洵

的主要目的是"言当世之要"，是为了"施之于今"。在《衡论》和《上皇帝书》等重要议论文中，他提出了一整套政治革新的主张。他认为，要治理好国家，必须"审势""定所尚"。他主张"尚威"，加强吏治，破苟且之心和怠惰之气，激发天下人的进取心，使宋王朝振兴。由于苏洵比较了解社会实际，又善于总结历史的经验教训，以古为鉴，因此，他的政论文中尽管不免有迂阔偏颇之论，但不少观点还是切中时弊的。苏洵的《权书》十篇、《几策》中的《审敌》篇、《衡论》中的《御将》和《兵制》篇，还有《上韩枢密书》《制敌》和《上皇帝书》，

苏洵在多篇文章中都论述
了军事问题

都论述了军事问题。在著名的《六国论》中，他认为六国破灭，弊在赂秦。实际上是借古讽今，指责宋王朝的屈辱政策。《审敌》更进一步揭露这种赂敌政策的实质是残民。《兵制》提出了改革兵制、恢复武举、信用才将等主张。《权书》系统地研究战略战术问题。在《项籍》中，他指出项籍不能乘胜直捣咸阳的战略错误。他还强调避实击虚、以强攻弱、善用奇兵和疑兵、打速决战、突击取胜等战略战术原则。

苏洵文章的语言古朴简劲，生动形象

苏洵的散文论点鲜明、论据有力、语言锋利、纵横恣肆，具有雄辩的说服力。欧阳修称赞他"博辩宏伟""纵横上下，出入驰骤，必造于深微而后止"（《故霸州文安县主簿苏君墓志铭》）；曾巩也评论他的文章"指事析理，引物托喻""烦能不乱，肆能不流"（《苏明允哀词》），这些说法都是比较中肯的。艺术风格以雄奇为主，而又富于变化。一部分文章又以曲折多变、纡徐宛转见长。苏洵在《上田枢密书》中也自评其文兼得"诗人之优柔，骚人之清深，孟、韩之温淳，迁、固之雄刚，孙、吴之简切"。他的文章语言古朴简劲、凝炼隽永；但有时又能铺陈排比，尤善作形象生动的妙喻，如《仲兄字文甫说》，以风水相激比喻自然成文的一段描写，即是一例。

（二）学杂纵横而为纵横之文

苏洵27岁"始发奋为学"，闭门苦读，涉猎极广，凡六经百家之书无不穷览。下笔如神，顷刻千言。至和、嘉祐年间，苏洵携其二子苏轼、苏辙至京师，以其文深得翰林学士欧阳修的赏识，以为贾谊、刘向不过如此。并上其所著书，荐"其论议精于物理而善识权变，文章不为空言而期于所用。其所著《权书》《衡论》《几策》二十篇，辞辩宏伟，博于古而宜于今，实有用之言，非特能文之士也"（欧阳修

苏洵广读诗书下笔如神

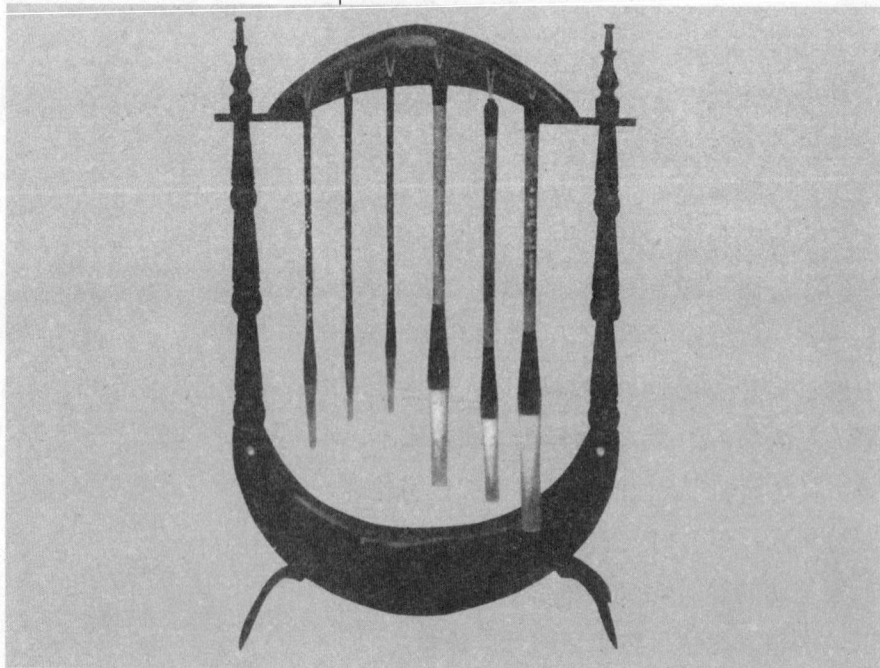

《荐表》）。一时苏洵名满天下，其文"得而读者皆惊，或叹不可及，或慕而效之。自京师至于海隅障徼，学士大夫莫不人知其名，家有其书"（曾巩《老苏先生哀词并引》）。

苏洵散文之所以独树一帜，便在于其人学杂纵横，其文驰骋博辩，故后世尊为一代文豪。曾巩在《老苏先生哀词》中论及苏洵其人其文："明允为人聪明，辩智过人，气和而色温，而好为谋略，务一出己见，不肯蹑故迹。颇喜言兵，慨然有志于功名者也。"这里所渭"好为谋略""颇喜言兵"，即指苏洵所著《几

曾巩评价苏洵"好为谋略，颇喜言兵"

"时名谁可嗣，父子尽贤良"——苏洵

策》《权书》《衡论》等文。自汉武帝"罢黜百家，独尊儒术"以来，纵横之学因其为乱世之学而被正统儒家之流视为异端，其名声极坏，秦汉以后常被斥为邪说。但苏洵却毫不掩饰自己对战国纵横家的赞赏之情，他在《谏论》中即公然宣称："苏秦、张仪，吾取其术，不取其心，以为谏法。"

苏洵主张为文要立足于现实，着眼于应用，有所为而作，反对"慕远而忽近，贵华而贱实""游淡以为高，枝词以为观美"的形式主义文风，认为应"言必中当世之过，凿凿乎如五。谷可以疗饥，断断乎如药石可以伐病"（苏轼《凫绎先

苏洵主张写文章要立足于现实

生诗集序》。苏洵的散文正是遵循了这一原则，评古以论今，务朝有用于当世。苏洵生年正处北宋中叶，时当王朝积贫积弱，外族频频来犯，内忧外患、危机四伏，所以苏洵针对现实的政治状况和战争失败的教训，"作策二道"，即《几策》两篇。《审势》篇论为政必先审势，提出"尚威"而用"强政"的政治主张；《审敌》篇专门言兵，明示"愚以为天下之大计，不如勿赂"。反对朝廷向西夏和辽贿赂妥协，并提出相应的对策。《权书引》开宗明义："《权书》，兵书也，而所以用仁济义之术也。"《权书》十篇，是苏洵系统研究战略战术问题的军事专著。分别从心术、用人、强弱、攻守、用间等各方面，以及历史上著名兵家成败之例等探讨议论，实为现实有用之言。《衡论》十篇，分别讲"御将"之术，述"任相"之道，言"择吏"之要，论"取士""养才"之法，议"法律"之失，论"兵制""田制"的革新。这些所谓"策谋"，正表现了纵横家的显著特色——"出奇策异智，转危为安，运亡为存"。

苏洵在《衡论》中论"兵制"、"田制"的革新

（三）取法纵横而具纵横之风

苏洵不仅在理论上取法"纵横"，而且在写作实践中应用之，因而其文颇有纵

横之风。他在著名的《谏论》篇中公然宣称："龙逢、比干吾取其心，不取其术；苏秦、张仪，吾取其术，不取其心，以为谏法。"提出应将龙逢、比干的忠诚之心与苏秦、张仪的游说之术结合起来，以达到进谏的目的，这其实就是主张用纵横家的思想来弥补儒家思想的不足。

事实上，苏洵对纵横家是既取其"术"，又取其"心"的。但与纵横家不同的是，苏洵始终坚持儒家仁义为根本和最终目的，而游说之术以及权谋机智等仅是手段，皆为推行仁义服务。这就使苏洵既区别于纵横家，又不同于一般的儒生。《谏论》上篇，从臣下角度出发，论进谏之术。作者对孔子所阐述的讽谏之说提出疑义，并作出补充，主张用游说之术弥补进谏方法的不足，要求进谏之臣机智勇辩如游说之士。认为臣下谏君如得其术，可"百谏百听"。并大肆赞誉战国纵横之士的"机智勇辩"，以之为楷模，总结出"说之术可为谏法者五"：理论之，势禁之，利诱之，激怒之，隐讽之，又列出史实加以论证。

这五种谏法主要是依据《战国策》《史记》《汉书》中所载纵横之士的典型游说事例总结出来的，在纵横家的理论经典《鬼谷子》中都可找到与其相应的纵横术，如

鬼谷子像

作者用前临深渊，后有猛虎作比，阐说纳谏之法

"捭阖""抵巇""有以利""有以怒"或"摩而恐之"的"摩"术，以及"象其事""比其辞"的"反复"术等等。只不过苏洵并没有采用与《鬼谷子》中的词语相同的词，而是有所独创。《谏论》下篇，从人君角度入手，论纳谏之术。作者用前临深渊，后有猛虎作比，阐说纳谏之法，认为君主要想使臣子进谏，必须用刑赏立法，"立赏以劝之""制刑以威之"，只有这样才能使勇者、勇怯参半者、怯者都不得不进谏。作者曾指出宋朝"赏数而加于无功"，谏官多次被逐，臣下视相府如"传舍"等诸多不正常现象，可见此篇论纳谏之文并非空发议论，而是有所针对的。

苏洵将纵横之术化为谏说之法

将纵横之术化为谏说之法，既是"纵横"随历史潮流而发生的演变，亦是适应时代需要的必然结果。

可以说苏洵是从理论上将"游说之术"化为"进谏之法"的佼佼者。因在理论上提倡，故在写作实践中，苏洵也竭力运用纵横之术。如在《上欧阳内翰第一书》篇中说："执事之文章，天下之人莫不知之……虽然执事之名满于天下，虽不见其文。而固已知有欧阳子矣。"在灶张文定公书》中说："今有人焉，文为天下师，行为天下表，才为天下宗，言为天下法……明公之美不胜颂也。"这无不是运用巧妙的言辞，为对方造就美名，从而博得欢心和信任。也就是《鬼谷子》中所说的"飞钳"之术的实际应用、此"术"被苏洵多次用于上韩琦、富弼、文彦博、欧阳修、张方平等朝廷重臣或地方大员的书中。在散文八大家中，苏洵的独特是相当明显的。他的论辩文大多为经世致用而作，表达对历史及现实的看法和见解，以融通的古今观来分析当时政治上的得失。在他所有的散文中，"论辩"和"书说"所占比重最大，可见苏洵不为无补世教的游戏文字，而是追求有为而作的严肃的创作态度。他的论说文，格调高古，在论辩说理过程中气势如虹，既雄放恣肆，又抑扬顿挫。其文风质朴，虽纵横捭阖，但结构绝不松散，而

苏洵的论辩说理气势如虹

"时名谁可嗣，父子尽贤良"——苏洵

独特新颖的风格使苏洵在文学史上有着不可忽视的地位

是以缜密的思维、精妙的布局使文章迂徐起伏，开阖自如。学杂纵横，取法纵横，而使文章尽显纵横之风，这就使苏洵既是一个有争议的人，又是一个独标格调的散文家，在文学史上的地位亦不可忽视。

五 『胸中万卷书，笔无尘俗意』——苏轼

苏轼像

（一）生平简介

苏轼，字子瞻，号东坡居士，宋代眉州（今四川省眉山市）人，是北宋著名文学家、书画家。父亲苏洵、弟弟苏辙都是著名文学家，世称"三苏"。苏轼诗、词、散文里所表现的豪迈气象、丰富的思想内容和独特的艺术风格，表现了北宋文学的最高成就，而苏轼的散文向来同韩、柳、欧三家并称。苏轼之所以能取得这样的成就，不仅是因为他的创作体现了北宋文学变革所追求的文化理想、审美趋向、卓越的才能和高超的技巧，更重要的是因为苏轼的创作在很多地方突破了北宋文学变革

苏轼《渡海帖》

的基本宗旨。

同时，苏轼的思想比较复杂，儒家思想和佛老思想在他的世界观的各个方面往往是既矛盾又统一的。他平生倾慕贾谊、陆贽，在政治上他从儒家思想出发，排斥老庄为异端；然而老庄的"无为而治"思想又同他的"法相因则事易成，事有渐则民不惊"的政治主张有一致性。然而他从儒家出发的比较现实的生活态度，又使他对佛家的懒散和老庄的遗世独立有所警惕，因此他一生在政治上虽屡受挫折，在文学创作上却始终孜孜不倦，没有走上消极颓废的道路。他的文学创

作中所表现出的乐观旷达与无可奈何，随遇而安与失意彷徨，深刻地反映了知识分子在封建专制日益强化的时代的内心苦闷。

苏轼散文中的人生思考超凡脱俗，一个重要的原因是作者汲取了儒、释、道三家思想的积极因素。儒家的人世和有为，引导他热爱生活和人生；道家的无为特别是庄子的影响，又使他淡泊名利，在逆境中也显得从容自如；佛家的静达圆通，则启迪他思想通达。另一个重要原因是作者对审美的人生境界的不懈追求，力图达到对人生功利境界的超越。

苏轼的思想受到庄子的影响

（二）东坡散文的艺术美

写于元丰五年七月的《前赤壁赋》是苏轼文学性散文中极为精彩的一篇，充分展示了苏轼对宇宙人生的态度，描写了夜游赤壁的景色以及由此而引发的感受，继承和发展了主客问答的传统赋体的表现形式，反映了作者当时遭贬失意的精神苦闷及自我解脱过程，最终表现了作者旷达乐观的人生态度。《前赤壁赋》是苏轼文学性散文的代表之作，充分体现了苏轼文学性散文的成就和艺术特色。

"胸中万卷书，笔无尘俗意"——苏轼

1. 哲理之美

苏轼的文学思想是文、道并重，但是苏轼的文道观在北宋具有很大的独特性。首先，苏轼认为文章的艺术具有独立的价值，如"精金美玉，市有定价"，文章并不仅仅是载道的工具，其自身的表现功能便是人类精神活动的一种高级形态；其次，苏轼心目中的"道"不限于儒家之道，而是泛指事物的规律。所以苏轼主张文章应像客观世界一样，文理自然，姿态横生，其散文的风格也随着表现对象的不同而变化。

《前赤壁赋》是苏轼政治上失意、行动上不自由、生活贫困、心情极其苦闷的时期。随着政治权利和行动自由的丧失，戴上了"思过而自新"的"罪人"帽子，在沉重的精神压力下，苏轼内心产生了深刻的变化。他开始比以往任何时候更加感慨世事的纷扰和虚无，他哀叹人生如梦，他渴望从那唯一不变而又与世事无争的江上清风、山间明月中，求得慰藉和超脱。《前赤壁赋》采用主客对答赋体的传统手法，主与客都是作者一人的化身。文中的"客"，哀叹人生之短暂，自己的渺小，感叹人生不可与江河相比，人也不能像"飞仙"，无法与江水同存，与明月长终，惋

苏轼从自然山水中寻求慰藉和超脱

月缺月圆，只是形式的变化而已

惜人生得到太少，留给后世的只是空白，感到悲观、厌倦。苏轼一番旷达乐观的解述劝服了"客"。苏轼把高深抽象的理论变得直白而易于接受，仍然是水与月，客既然伤心因月因水而起，仍以月以水来冲刷客的哀愁。"逝者如斯，而未尝往也""盈虚者如彼，而卒莫消长也"。月缺月圆，只是形式的变化而已，实际上却一点也没有变。人生亦是如此，虽然人有悲欢离合，生老病死，而人的一生也将有其永恒不变的一面。如果从变化的一面来看，天地只不过是一瞬间而已；如果从不变的一面来看，万物将与我永存，何必去羡慕清风明

大江泛舟给苏轼带来了舒畅的心情

月江办呢？而随着水与月的长存无穷，每个曾绍伴着长江与明月的生命也一样都会长存，都属无穷。这就是所谓的"则物与我皆无尽也"，苏轼向我们传达了乐观旷达的人生态度。

《前赤壁赋》中，苏轼借用具体事物的常理、贴切的比喻和形象的描述，使抽象的道理变得浅显易懂，月夜美景和大江泛舟给他带来了舒畅心情，使他从水的流逝、月的盈虚中领悟到物的变与不变。之后，他再次劝诫友人："唯江上之清风，与山间之明月，耳得之而为声，取之无禁，用之不竭。是造物者之无尽藏也，而吾与子之所共适。"阐发了物各有其主，不可贪得的道理，倡导在"造物者之无尽藏"中乐观自处，消极中含有一种积极豁达的人生态度，充分体现出苏轼遵循自然常数、乐观旷达的积极人生态度。苏轼处于当时的复杂政治斗争中，在入狱受审并贬谪黄州的沉重打击下，他只能从佛老思想中寻求慰藉，寄情山水，幻想出世，黄州的山水勾起了他对古人的怀念，他触景生情，倾吐了自己对曾经大显身手、建功立业的历史人物崇敬、颂扬的感情，同时也流露了自己治世立业的壮志。在苏轼的散文中我们充分感受到其中蕴涵的哲理之美。

2. 意境之美

苏轼的散文，善于从虚处入手，讲究渲染气氛和营造意境，使人处处体会到优美的诗意。苏轼的散文具有诗歌般的艺术感染力，像诗歌一样集中精练地反映社会生活，具有强烈的感情色彩和情景交融的艺术特点。苏轼的散文尽情挥洒，气势宏伟壮丽，借助行云流水般的语言，使文章具有诗的气势和意境。苏轼在《前赤壁赋》中交代了畅游赤壁的时间、地点、人物、活动后即写景。文章通篇以景贯穿，"风"和"月"是主景，山川、江水辅之。

苏轼的散文擅长营造意境，渲染气氛

"胸中万卷书，笔无尘俗意"——苏轼

初秋时节的江面水波不兴，风平浪静

首段"风"和"月"开篇，"清风徐来，水波不兴"和"月出于东山之上，徘徊于斗牛之间"几句，极凝练简洁点出风月，写出江景。接着，文章反复再现"风"和"月"形象。诗人泛舟江上，正是初秋时节，秋风徐徐吹来，江面上水波不兴，风平浪静。诗人信笔写来，心情闲适潇洒。写月夜泛舟大江，饮酒赋诗，使人沉浸在美好景色之中而忘怀世俗的快乐心情；再从凭吊历史人物的兴亡，感到人生短促，变化无常，因而跌入现实的苦闷；最后阐发变与不变的哲理，申述人类和万物同样是永久的存在，表现了旷达乐观的人生态度。写景、抒情、说理达到了水乳交融的程度。

"白露横江，水光接天。纵一苇之所如，凌万顷之茫然，浩浩乎如冯虚临风，而不知其所止；飘飘乎如遗世独立，羽化而登仙"。多么美妙的意境，此时虽是他贬谪黄州期间，然而文字间却见不到一丝忧愁的情绪。诗人所写秋夜月下江景，反衬出了诗人怡情山水，闲适洒脱的心境。这种景物的连贯，不仅在结构上使全文浑然一体，而且还沟通了全篇的感情脉络。《前赤壁赋》借景描写与主客问答的手法，紧扣赤壁的风、月、水，借用

苏轼的坎坷经历使他多了些许超
然物外的豁达与见识

江水、清风和明月具体而形象的事物来表达抽象的人生观，将写景、抒情、议论汇于一体，借自然景物说理，以真实情感融会贯通，形象生动，表现作者复杂矛盾的内心世界。虽然苏轼经历过太多的波折，但正是这一份豁达，让他有了超然物外的见识。"苟非吾之所有，虽一毫而莫取。唯江上之清风与山间之明月，耳得之而为声，目遇之而成色，取之无禁，用之不竭，是造物者之无尽藏也，而吾与子之所共适"。于是，"客喜而笑，洗盏更酌"。豪放豁达的苏轼似乎就在我们面前。

3. 语言之美

苏轼的散文在语言方面更重视通过捕捉意象，通过声音色彩的组合，来传达自己的主观感受，时常点缀着富于表现力的新颖词汇，句式则是骈散文交杂，长短错落。苏轼的散文具有极高的表现力，随着表现对象的不同而变化自如，像行云流水一样的自然、畅达。苏轼依靠挥洒自如、文思泉涌的方式，将自己对人生、宇宙、现实的看法和态度表现出来。苏轼的散文气势雄放，语言平易自然。《前赤壁赋》是苏轼散文的代表作，语言骈丽、押韵，用韵时疏时密，却又极尽变化之能事，

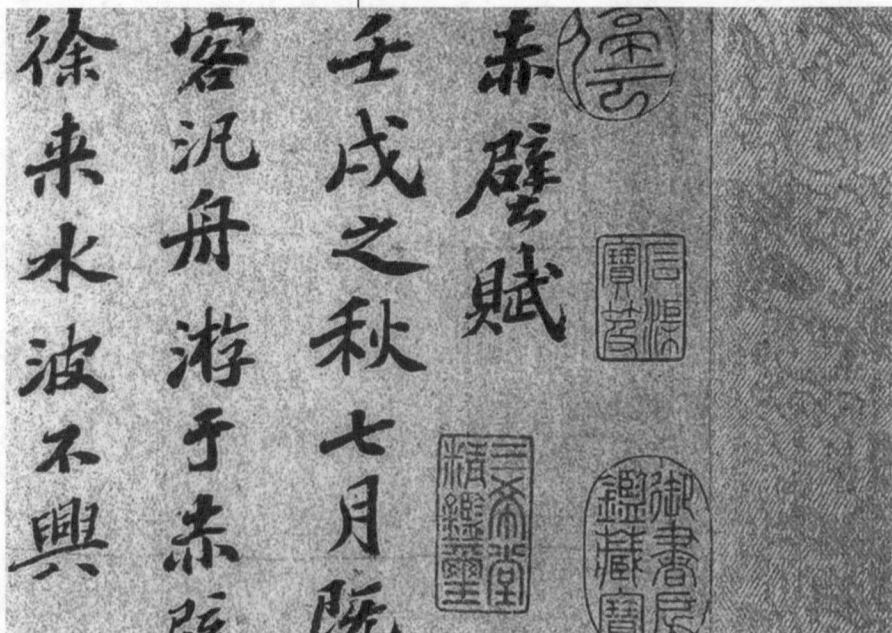

苏轼《前赤壁赋》（局部）

苏轼《前赤壁赋》(局部)

骈散结合、流畅婉转、用韵自由、疏密相间，极见艺术功力，行文有如天马行空，空灵飘逸，自然流畅，如行云流水。全文紧紧扣住江、月、风来叙事、写景、抒情、议论、说理，极为生动形象，又富有理趣。苏轼采用虚拟的主客对答的结构形式，主客对答是赋体中的传统手法。在《前赤壁赋》中，客的观点和感情是苏轼的日常感受和苦恼，而主人苏子所抒发的则是他超脱地俯察人与宇宙的领悟，而这一切则是通过呜呜洞箫、主客设问引起。

作为一篇文赋，本文在句式和用韵方面是很典型的。就句式而言，全文既

月影婆娑

有不少散句，又运用了大量排比句和对偶句，有整有散，错落有致。如"西望夏口，东望武昌，山川相缪，郁乎苍苍，此非孟德之围于周郎者乎？"其中"昌""苍""郎"押韵。每段首句或开头几句又多为散句。如首段"举酒属客""少焉"为散句，第二段开头"于是饮酒"是散句，第三段散句更多，第四段则以散句为主。骈句和散句交错使用，用韵错落有致，语言晓畅明朗，行文有如天马行空。这样既显示了传统赋体那种特质和情韵，做到保留而不拘泥，讲究又不为束缚。另外，在散句之中，穿插了一些似对实不对的偶句，如"月出于东山之上，徘徊于斗牛之间""浩浩乎如冯虚御风，而不知其止；飘飘乎如遗世独立，羽化而登仙"，很有韵味悠长之感，幽美的景色与轻松愉悦的心情构成开阔明朗的艺术境界，直接为后文写超然物外的人生哲理作了铺垫。苏轼在《前赤壁赋》中充分利用赋重铺排的特点，思想感情发展过程一波三折。和词相比，它没有词的雄壮豪放，而是显得深沉蕴藉，体现出作者高超的表达能力和语言技巧。

幽美的景色与轻松愉悦的心情构成了开阔明朗的艺术境界

"胸中万卷书，笔无尘俗意"——苏轼

苏轼的散文处处散发着诗意美

总之，苏轼将儒、释、道融会贯通，嬉笑怒骂皆成文章，成为中国文人士大夫精神的一面旗帜，在中国文学史上留下了不可磨灭的烙印。苏轼在散文创作的题材内容和写作技巧方面进行了新的探索和开拓，开辟了文学散文发展的新道路。苏轼在其散文中表现出的哲理之美、意境之美、语言之美，使我们充分体会到苏轼散文的诗意美，苏轼的思想人格、文学主张、才气成就了苏轼散文的诗意美，也使苏轼的散文成为千古传诵的不朽名篇，在中国文学史上闪烁着耀眼的光芒。

六 『汪洋澹泊，有一唱三叹之声，而其秀杰之气终不可没』——苏辙

（一）生平简介

北宋时眉山（今四川省眉山县，位成都市西南）人，晚年自号颍滨遗老。苏轼之弟，人称"小苏"。苏辙是散文家，为文以策论见长，在北宋也自成一家著有《栾城集》。与其父苏洵、兄苏轼合称"三苏"，均在"唐宋八大家"之列。宋神宗年间曾任翰林学士、尚书右丞、门下侍郎等职，为著名散文家、哲宗元祐年间参加过治河争论，为第三次回河的主要反对者。

仁宗嘉祐二年（1057年）与苏轼一起中进士。不久因母丧，返里服孝。嘉祐六年，又与苏轼同中制举科。当时因"奏乞养亲"，

苏辙像

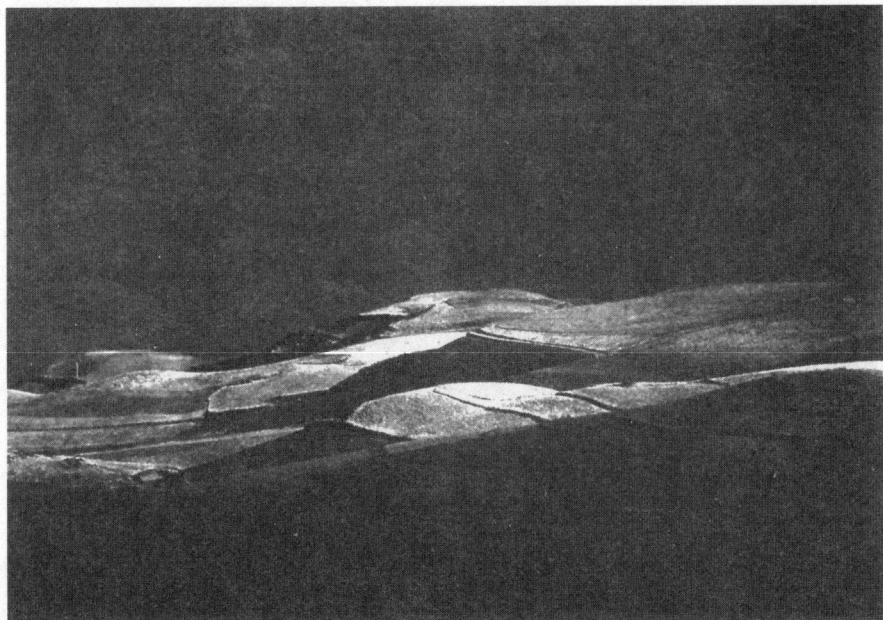

苏辙的仕途并不一帆风顺

未任官职，此后曾任大名府推官。熙宁三年（1070年）上书神宗，力陈法不可变，又致书王安石，激烈指责新法。熙宁五年（1072年），出任河南推官。元丰二年（1079年），其兄苏轼以作诗"谤讪朝廷"罪被捕入狱。他上书请求以自己的官职为兄赎罪，不准，牵连被贬，监筠州盐酒税。元丰八年，旧党当政，他被召回，任秘书省校书郎、右司谏，进为起居郎，迁中书舍人、户部侍郎。哲宗元祐四年（1089年）作为权吏部尚书，出使契丹，还朝后任御史中丞。元祐六年（1091年）拜尚书右丞，次年进门下侍郎，执掌朝政。元祐八年，哲宗亲政，新法派重新得势。绍圣元年（1094

"汪洋澹泊，有一唱三叹之声，而其秀杰之气终不可没"——苏辙

年），他上书反对时政，被贬官，出知汝州、袁州，责授化州别驾、雷州安置，后又贬循州等地。崇宁三年（1104年），苏辙在颍川定居，过田园隐逸生活，筑室曰"遗老斋"，自号"颍滨遗老"，以读书著述、默坐参禅为事。死后追复端明殿学士，谥文定。

（二）苏辙散文中的另类风格

若将小苏文章与老苏、大苏比较，固然前者偏于阴柔；而如果与欧曾一派诸家相比，则苏辙文仍有骏发蹈厉、辞采富瞻的一面。名篇《黄楼赋》就是一篇激昂绰厉之作。此文是苏辙应兄长之邀于熙宁

如今修复一新的黄楼

十一年（1078 年）为徐州黄楼落成而作。熙宁十年（1077 年）四月，苏轼由密州改知徐州。七月黄河在澶渊曹村埽决口，八月洪水冲及徐州城下，至十月五日方退。太守苏轼因率领军民抗洪有功受到朝廷嘉奖。次年二月，在徐州城之东门建"黄楼"以纪念此事。黄楼落成后，苏辙应邀作赋，苏东坡见此赋后大为赞赏，亲为书写，并刻碑留存。

文章"叙"的部分首先介绍了苏轼率领徐州百姓战胜洪水的全过程，交代了黄楼的由来，说明了作赋原因。尤其详尽记录了苏轼在抗洪过程中身先士卒的模范行为、救济灾民的功绩以及水灾平定之后增筑城池的远见卓识。叙述委曲，文字精粹。

"汪洋澹泊，有一唱三叹之声，而其秀杰之气终不可没"——苏辙

冬日黄河

文章"赋"的部分是苏辙的想象之词。写作此文时苏辙正在商丘（当时的南京）判官任上，未及登上黄楼，亦未参加庆典活动。作者虚拟了在庆典活动上苏轼与客人的一番对话，文字铺张扬厉，描写绘声绘色，令人读罢有亲临之感。

赋的前半部分，借客之口，述说了古今河决给徐州百姓造成的灾害。赞扬了苏轼率众抗洪，造福一方的功绩。特别回忆了西汉元光年间，黄河决口徐州化为一片汪洋，郡县无所，百姓流离的惨况。这段文字以叙述为主，兼以抒情，写水灾而抒发"天意难测""人生多忧"的感慨。写法上以散句居多，运骈于散，有一唱三叹之音。赋的后半部分，就苏轼所见，描绘水退之后登览的景色，极尽铺张扬厉之能事。放眼望去：

青山为城。黄河为池，风光秀逸，阡陌纵横，田野错落，屋舍俨然，牛羊悠哉，渔樵自乐；向东望去：众山奔驰，群石西倾，百步洪上，舟楫穿梭，浪涛涌处，人鱼嬉戏；向南望去：楼观巍峨，檐宇翱翔，江流浩淼，汀洲罗列；向西望去：断山迷离，禾麦蒙蒙，群雁南飞，孤鸿长逝，烟波淡淡。白日西沉；向北望去：汴泗合流，汇为深渊，蛟龙盘踞，乌鸦回旋，商贾连檐，至于城隅。

登临远眺，联想到古时英雄皆聚于此，然而历史的云烟浩渺。一切终究化为虚空！

屋舍俨然，牛羊悠哉

"汪洋澹泊，有一唱三叹之声，而其秀杰之气终不可没"——苏辙

苏辙借《黄楼赋》表达了豁达高远的见解

凭吊古人，感伤时事，可以悟到变化固然无所不在，而忧患则大可释怀。此段写景多用骈句，境界高远宏大。意境鲜明生动，笔墨夹叙夹议，自然生发出深远的历史感慨，表现了豁达高远的见解。作者胸怀今古，文字纵横捭阖，颇得大苏神韵，所以当时曾有人误以此文为苏轼代作。苏轼《答张文潜书》中说："（子由）作《黄楼赋》乃稍自振厉，若欲以警发愤者。而或便谓仆代作，此尤可笑。"

苏辙散文确实以冲雅淡泊、质朴自然为主要特征。但不是说他就没有一些刻意为之的作品，像这篇《黄楼赋》就颇重雕饰。

此赋写徐州水患也从溯古开始，时间跨度大，境界错综古今。这篇《黄楼赋》极目四顾、放眼八荒。"东望则连山参差""南望则戏马之台""西望则山断为笙""北望则泗水蒇漫"，骈词铺张。宋代许多文人还都兼有理学家的身份，影响到宋朝的文学创作，诗词歌赋无不带有哲理倾向。苏轼的前后《赤壁赋》就寓含了深刻的人生哲理，苏辙此赋也不例外。综观全文，立意正在"今夫安于乐者，不知乐之为乐也。必涉于害者而后知之"一句。作者是要阐明经历此番天降灾祸之后，人更应该超然于荣利得失之外，忘怀忧患，珍惜短暂人生，享受片刻欢愉。

北望则泗水蒇漫

"汪洋澹泊，有一唱三叹之声，而其秀杰之气终不可没"——苏辙

（三）苏洵苏辙《六国论》之比较

宋代苏洵、苏辙父子各有《六国论》传世，两篇文章珠联璧合，各放异彩，可称得上是古代议论文的名篇佳作。然而对照起来看，两者的立论角度、论证方式、文字风格各不相同。品评两者的成败得失，或许对今人会有所裨益。

首先，两篇文章都以六国破灭作为议题，借史论政。写借史论政的文章，应该根据时代所提出的问题，从历史材料中选择一个恰当的角度，以便把历史问题的评析同现实的社会问题联系起来，起到以古鉴今的作用。苏洵的《六国论》从"赂

苏洵、苏辙父子各有《六国论》，借史论政

北宋因与辽国订立了屈辱条约，每年要给辽国银十万两

秦而力亏"的角度论证六国破灭的原因，最后引出"为国者无为积威之所劫"的历史教训。苏辙的《六国论》则从"韩魏附秦"招致六国相继破灭的角度，批评六国之士的"虑患之疏，而见利之浅，且不知天下之势"。这两篇文章所选择的不同角度，哪个更具有思想性和现实意义呢？联系北宋中期的社会现实来看，答案是显而易见的。

苏洵生活在宋朝比较"承平"的一段时间里。但北宋中期面临辽与西夏的严重威胁，外患频仍。北宋王朝软弱无能，一味屈辱苟安。真宗景德元年（1005年）一月，与辽国订立屈辱条约：每年给辽银

"汪洋澹泊，有一唱三叹之声，而其秀杰之气终不可没"——苏辙

北宋与西夏议和，每年给西夏银、绢、茶等物

十万两、绢二十万匹，双方以白沟河为界，史称"澶渊之盟"。宋仁宗庆历四年（1044年），宋与西夏议和，答应每年给西夏银七万二千两、绢十五万二千匹、茶三万斤。这些屈辱和约的签订，虽然换来了暂时的安宁，却给人民增加了沉重的负担，加剧了宋王朝的积贫积弱的局面，推进了它走向灭亡的进程。苏洵是一个有政治抱负的人，写作的主要目的是"言当世之要"，是为了"施治于今"。苏洵的《六国论》抓住"赂秦而力亏"生发议论，实际上是借批评六国的赂秦来影射北宋王朝对辽与西夏的屈辱苟安政策，借六国破灭的教训告诫当权者改弦更张，

免得重演覆亡的悲剧。文章的思想性战斗性很强。

　　苏辙的《六国论》所选取的角度，与当时的社会现实问题却很难联系起来。诚然，"虑患之疏，而见利之浅，且不知天下之势"，也击中了北宋统治者的弊病，不无鞭笞告诫的意味，但北宋王朝毕竟不像六国那样处于分裂状态，它的"虑患之疏，而见利之浅"并非表现在牺牲"韩魏"自毁屏障这一方面。因此，苏辙所选的角度也就缺乏现实的针对性，不可能强烈地震撼人心，迸发出思想光彩和战斗锋芒。

苏辙的《六国论》一针见血地击中了北宋统治者的弊病

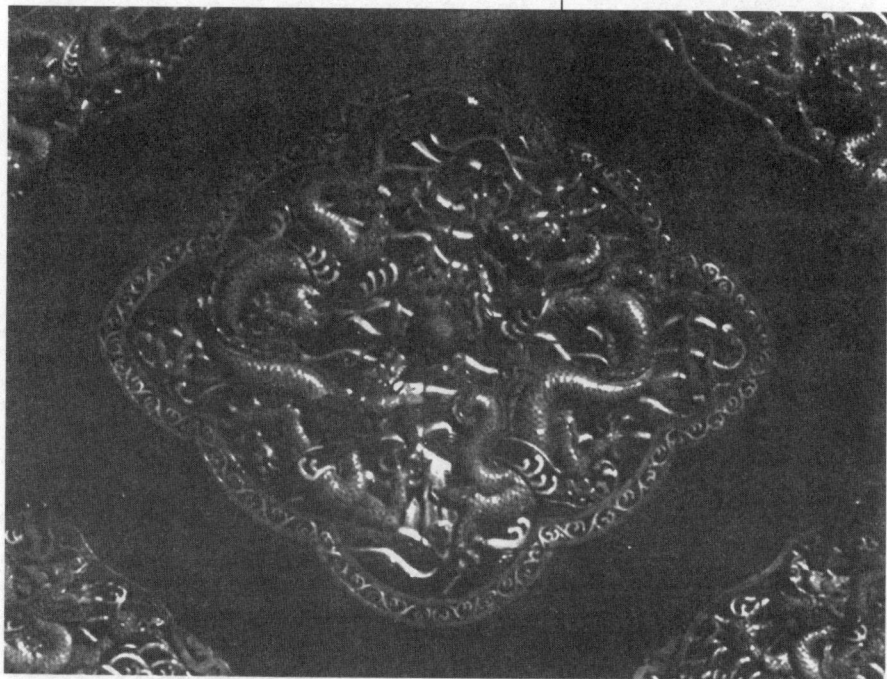

"汪洋澹泊，有一唱三叹之声，而其秀杰之气终不可没" ——苏辙

其次，苏洵的《六国论》语气沉稳道劲，意味辛辣而隽永。且以结尾一段为例："夫六国与秦皆诸侯，其势弱于秦，而犹有可以不赂而胜之势；苟以天下之大，下而从六国破亡之故事，是又在六国下矣。"这段文字影射现实，讽喻时政，字挟风霜而又委婉出之，有耳提面命之意，而无捶胸顿足之态，沉着冷峻，令人彻骨铭心。

苏辙的《六国论》则是另一种风味。行文简捷明快，纵横捭阖，势如破竹。开端一节文字："尝读六国世家，窃怪天下之诸侯，以五倍之地，十倍之众，发愤西向，以攻山西千里之秦，而不免

苏辙的《六国论》以六国兴亡的故事影射现实

苏辙的《六国论》文字如长江大河，气势磅礴

于灭亡。常为之深思远虑，以为必有可以自安之计。盖未尝不咎其当时之士虑患之疏，而见利之浅，且不知天下之势也。"这段话长达近百字，一气呵成，文句长，转折多，如长江大河，浑浩流转，气势磅礴，一腔激情全在纸上，与苏洵的沉着冷峻大不相同。

"汪洋澹泊，有一唱三叹之声，而其秀杰之气终不可没"——苏辙

七 『曾子文章世稀有，水之江汉星之斗』——曾巩

（一）生平简介

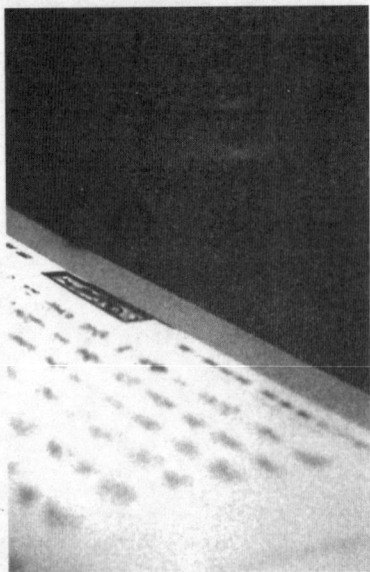

幼年的曾巩天资聪慧，勤学苦读

曾巩（1019—1083年）字子固，世称"南丰先生"，建昌南丰（今江西南丰）人。北宋散文家，文学家，"唐宋八大家"之一。宋嘉祐二年（1057年）登进士第，儿童时代的曾巩，就与兄长曾布一道，勤学苦读，自幼就表现出良好的天赋。其弟曾肇在《亡兄行状》中称其"生而警敏，不类童子"，而且记忆力超群，"读书数万言，脱口辄诵"。嘉祐二年（1057年），39岁的他才考取了进士，被任命为太平州司法参军，踏上了仕途。翌年，奉召回京，编校史馆书籍，迁馆阁校勘、集贤校理。熙宁二年（1069年）先后在齐、襄、洪、福、明、亳等州任知州，颇有政声。元丰三年（1080年），徙知沧州，过京师，神宗召见时，他提出节约为理财之要，颇得神宗赏识，留三班院供事。元丰四年，神宗以其精于史学，委任史馆修撰，编纂五朝史纲，未成。元丰五年，拜中书舍人。次年卒于江宁府。理宗时追谥"文定"。曾巩在政治舞台上的表现并不算是很出色，他的更大贡献在于学术思想和文学事业。

曾巩生活的时代，正是中国封建社会由鼎盛向衰落转化的11世纪中叶。表面上经济的繁荣与政治的稳定，已经掩盖不住那已经显现出来的衰败症兆。面对这种时代的总趋势，有抱负的政治家和希望有所作为的开明君主，力图通过政治改革来扭转局面，但毕竟走不出时代的局限。在每一场革新与守旧的抗争中，一大批文坛新人迎潮崛起，革新文学样式，阐述自己的政治理想。曾巩就是其中一位卓有建树的大文学家，他不断地从事有关政治利弊和改革措施的探讨，立足于儒家经典，发展经世致用之学。

（二）文风探究

1. 早期文风的演变

曾巩的文学成就主要在散文方面，他

曾巩在文章中抒发了许多个人的政见

"曾子文章世稀有，水之江汉星之斗" ——曾巩

曾巩的文学成就主要表现在散文上

的散文继承和发扬了我国古代散文"文以载道"的传统。庆历元年，他两次入京，曾"稿其文数十万言"，以游于太学。欧阳修初识其文，便满目骇然。后来，欧阳修在《送吴生南归》一诗中，回忆当时的印象说"我始见曾子，文章初亦然。昆仑倾黄河。渺漫盈百川。决疏以导之，渐敛收横澜。东溟知所归。识路到不难"。这时曾巩的散文正处于一个高论宏裁、放任不羁的阶段。显然，欧阳修正是敏锐地觉察到了他们这一代青年作家在取法前人时过于追求"尚奇"与"任气"的趋向，看出了他们的学步前人还依旧很幼稚。而这种共同性的局面，正反映出一代文坛新秀在功力与学养方面的不足。

曾巩是接受欧阳修疏导最多，也是最有成效的一位作家，但他经历了很长的一个磨练过程。在早期的作品中，曾巩确也用过一些铺张扬厉的方法进行渲染，但这并不是他主要的笔法。恰恰相反，他大部分文章的语言却是迅捷拗折、刚劲有力的。也正是在这种创作倾向中，曾巩早期散文才暴露了它的弱点。也就是说，他说理尽管很率直，但对其分析却往往欠深透，阐发也不展开。因此难免显得局促与粗豪。

首先，在布局上正反相衬，往复取势。他无论论述什么问题，常常是落笔便入题，或者提出观点，然后用对比的方法展开议论；或者开篇即树立一个与主旨相关的对立面，在正反相形中逐层深入地说明道理，最后极自然地归纳出结论。《列女传目录序》是这方面很有

曾巩经历了很长的磨练过程

《列女传目录序》是曾巩的代表作之一

代表性的一篇作品。序文的中心是阐述母亲的德行与教育，对作为子女的影响与作用。文章先就《列女传》的流传与整理情况做一些概括的介绍后，立即明确指出，刘向作书的目的是因为"王政必自内始，故列古女善恶所以致兴之者以戒天子"。然后，以大任之娠文王一事为例，环绕着"王政必自内始"这一中心，反复说明上述刘向撰书的意图。这是全文的主体部分，这部分的布局也是十分谨严的。

其次，是注重行文的气势。这是构

成曾巩早期散文特色的一个相当重要的因素。曾巩早期散文之所以会那样大量地使用设问与反问句，其原因也就在这里。尤其是反问句式的连用，因其语逼人，不容争辩，以至形成一种置论方于困境的威慑气势，也使自己的议论显得有至高无上的权威性。但是，这种文章必须以深厚的内涵为基础。否则，气愈盛，语愈急，文章便会愈见空虚，这种文章虽然可以以气势夺人，却不会有使人折服的说服力。因此，曾巩早期散文往往底蕴不足。但他有时又选用一种以散性为主，排偶相辅的语句来表达。如《战国策目录序》中论策士的一节文字即属此类。其间有排偶，但基本上

曾巩早期的散文往往底蕴不足

"曾子文章世稀有，水之江汉星之斗"——曾巩

还是取散行的形式。这既有利于析理，同时又显示出一种不容争辩的气势，一种无可质疑的权威性。它处处在说策士，实际上又处处是在批判刘向，议论极精湛而生动。运用之妙，在乎一心。

2. 后期散文风格

一个作家成熟的艺术风格，集中反映了他独特的艺术个性，曾巩散文的独特艺术个性也是极为鲜明的，朱熹概括为"简严静重"；陈造概括为"密而古"；方苞概括为"淳古明洁"。他们都明确地感觉到了曾巩散文所独具的雍容典雅的艺术个性。最能衬托出曾巩风格特点的，还是欧阳修。就文风论，欧文对曾文最大的影响，一是内容上的载道；二是风格上的深沉温厚。曾巩师从于欧阳修，那么他们之间肯定会有较多的共同点，而他们散文的共同特色是自然简朴。这种自然简朴的艺术性，贯穿在他们二人的散文作品中，无论是叙事议论，还是写景抒情，完全是真实自然流露出的声音。

但是欧、曾散文又有一个显著不同的特色。欧文一唱三叹，有风神之美；曾文婉曲，显得敦厚凝重；欧文重言外意，偃仰曲折，耐久咀嚼，曾文反复致

朱熹像

曾巩《局事帖》

意，明白透彻，少有掩蔽；欧文骨朗神清，偏于虚，曾文旁征博引，近于实。欧文以情胜，故温润蕴藉，曾文以理胜，故严整峻洁。

曾巩从小就为儒学所濡染。以"家传"而论，他全盘接受了其父曾易占的"治天下必先以名教""治道之本先定。其末亦从而举"的思想。所以他的政治观念也是传统的儒学观。这决定了其散文的另外一个艺术特色，那就是字字有法度，句句讲布局，文字显得干净沉着，层次极为清楚，段落分外分明，一目了然，使人更易学习。正如上文提到傍人门户的这种倾向，曾巩的这种依傍并非完全消极的，恰恰相反，这正反映了作家多方取法，并渐渐熔铸成自己独特风格的过程。事实证明，这些因素都或多或少地渗入到了曾巩后期的作品中。曾巩雍容典雅、古奥精深的艺术风格，也就在这种不稳定状态中逐渐陶冶而成。

这个定型期，大概在嘉祐六年（1061年）前后，即在他校书馆阁时期。在这将近二十年的探索与磨炼中，可被认作是奠定了他后期风格基础的，是他所作的那篇脍炙人口的《墨池记》：

临川之城东。有地隐然而高，以临于溪，曰新城。新城之上，有池洼然而方以

曾巩的散文风格雍容典雅

长，曰王羲之之墨池者，荀伯子《临川记》云也。羲之尝慕张芝临池学书，池水尽黑。以为其故迹，岂信然邪？王羲之之不可强以仕，而尝极东方、出沧海，以娱其意于山水之间，岂其徜徉肆恣，而又尝自休于此邪？羲之之书晚乃善，则其所能，盖亦以精力自致者，非天成也。然后世未有能及者，岂其学不如彼邪？则学固岂可以少哉！况欲深造道德者邪？

墨池之上，今为州学舍。教授王君盛恐其不彰也。书"晋王右军墨池"之六字于楹间以揭之，又告于巩曰："愿有记。"推王君之心，岂爱人之善，虽不能不以废，而因以及乎其迹邪？夫人之有一能而使后人尚之如此，况仁人庄士之遗风余思被于来世者何如哉！

庆历八年九月十二日，曾巩记。

这篇文章题名为"记"，但正如我们所看到的，其主要内容却不在记叙与摹写景物，而是因小取大，借事立论。文章所叙之"墨池"。乃临川城东一处胜迹，传闻书法家王羲之临池学书之处。王羲之很钦佩张芝的狂草，曾在《与人书》中说："张芝临池学书。池水尽黑。使人耽之若是，未必后之也。"荀伯子作《临川记》却将"临池学书，池水尽黑"一事又进而附会于王羲之，并证于

王羲之像

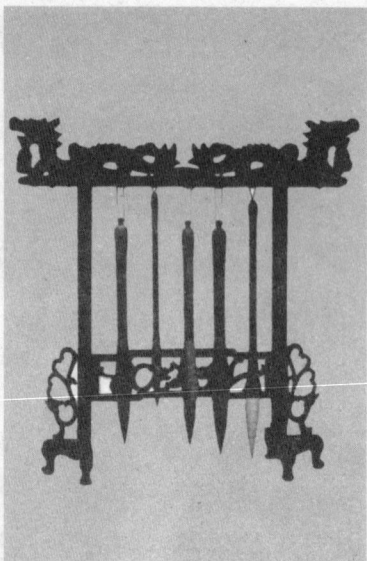
曾巩由书法练习推及求学
及修身，因小及大

临川城东的墨池。而曾巩则认为这种传闻纯属误传，但同时又认为这种误传又有其可取成分，这些美好的传闻与世代传承下来的说法，对世人有一定的教育意义，也表达了人们对名人的景仰之情。所以，曾巩在指出这些传闻谬误的同时，又扣住"以精力自致，非天成也"，由书法练习推及于求学，再及于修身，因小及大，最后是勉励晚辈要刻苦磨炼，以求成为可影响后世的道德之士，十分发人深省。其蕴藉显得尤为深厚，而这恰恰正是曾巩后期风格特点的一种重要表现。

曾巩语言精于布置，字字有法度，十分注重语言的层次安排，句式选择通读词语的配置，因而有很高的精确性和极明显的层次感。曾巩散文，往往只须寥寥数语，便能清晰生动地将事物特点及人物内心情感极准确地表现出来。这种功力越到晚年便越显深厚。如元丰元年他从福州召判太常寺，中途忽改知明州时，他写了一篇《移明州乞至京迎侍赴任状》，文中写自首母子冀望相聚的隐衷，始终扣住欲相见又改他任一事来反复诉说，文字既简明，意思又透彻。尤其是"晨昏之恋，既未得伸；迫切之诚，唯知涕泗"两句，

把满腹委曲写得神情十足。曾巩的散文显得有章可循，有规矩可学，这是作家在艺术上成熟的表现。

精于布置的另一面是语言呈明显的层次感，曾文在这方面也是颇费斟酌的。他将这种层次感和全文结构的包蕴密致结合在一起，有时正反相形，有时逐次推演。如《墨池记》，因为是夹叙夹议，其语言层次便表现出明显的前勾后连，层层递进的特点。语言层次上的这种苦心安排，必然要导致语句形式的多变。曾巩散文往往按内容表达的需要而选择和使用不同的语言形式，或排偶、或单行、或二者结合。曾巩散文还有纡徐婉曲、包韵密致的特点，

"曾子文章世稀有，水之江汉星之斗"——曾巩

颜真卿像

"曲"使它易于"柔";而"密"又使它能于"柔"中见劲折与矫健。一般说来，气势奔放、一泻千里的文章，往往不易显示出婉曲的情致来，而只有漾漾曲洄式的结构，才可藏锋不露。结构一至于婉曲的情致，则会给人从容不迫、舒展和缓的情感。曾巩的不少散文都能以叙事说理见长，与这种婉曲绵密的结构形式有不可分割的关系。

综上所述，我们可以看出曾巩散文风格的大致面目。他的散文立足于现实，如《越州赵公救灾记》，记叙了赵公在越州救灾的情况，描写细致，叙事详尽，表达了作者对人民疾苦的关心。章法严谨，布局分明，而且善于创新。如《抚州颜鲁公祠堂记》中，作者并不是一般的记叙颜真卿的生平，颂扬他的慷慨就义。而是从他多次被贬逐却宁死也不改变心志的角度入手，有力地突出了颜真卿的高风亮节。《答范资政书》以书札的形式，从侧面入手，倾注了自己对范仲俺知遇之恩的感谢。曾巩散文不仅内容广泛，涉及教育、宗教、外事、边疆等很多内容，而且笔法新颖独特，题材多样，奏疏、书信、表状等文体都有涉猎，在当时取得巨大成就，成为一代散文家。

八

『不畏浮云遮望眼，自
缘身在最高层』——王安石

王安石纪念馆前塑像

（一）生平简介

王安石，生于天禧五年（1021年），卒于元祐元年（1086年），字介甫，晚号半山，谥"文"，小字獾郎，封荆国公，世人又称王荆公，临川县人（今江西省东乡县上池村人），汉族，北宋杰出的政治家、思想家、文学家、改革家、唐宋八大家之一。在文学中具有突出成就，其诗"学杜得其瘦硬"，长于说理与修辞，善用典，风格遒劲有力，警辟精绝，亦有情韵深婉之作。著有《临川先生文集》。他出生在一个小官吏家庭。少好读书，记忆力强，受到较好的教育。庆历二年（1042年）登杨寘榜进士第四名，先后任淮南判官、鄞县知县、舒州通判、常州知州、提点江东刑狱等地方的官吏。治平四年（1067年）神宗初即位，诏安石知江宁府，旋召为翰林学士。熙宁二年（1069年）提为参知政事，从熙宁三年起，两度任同中书门下平章事，推行新法。熙宁九年罢相后，隐居于家乡，后病死于江宁（今江苏南京市）钟山，谥号"文"，又称王文公。其变法对北宋后期社会经济具有很深的影响，已具备近代变革的特点，被列宁誉为是"中国十一世纪伟大的改革家"。

他的散文雄健简练、奇崛峭拔，大都是书、表、记、序等体式的论说文，阐述政治见解与主张，为变法革新服务。这些文章针对时政或社会问题，观点鲜明，分析深刻，长篇则横铺而不力单，短篇则纡折而不味薄。《上仁皇帝言事书》，是主张社会变革的一篇代表作，根据对北宋王朝内外交困形势的深入分析，提出了完整的变法主张，表现出作者"起民之病，治国之疵"的进步思想。《本朝百年无事札子》在叙述并阐释宋初百余年间太平无事的情况与原因的同时，尖锐地提示了当时危机四伏的社会问题，期望神宗在政治上有所建树，认为"大有为之时，正在今日"。对他第二年开

王安石在文章中尖锐地指出了当时的社会问题

"不畏浮云遮望眼，自缘身在最高层"——王安石

王安石的山水散文游记风格酷似柳宗元

始施行的新政，无异吹起了一支前奏曲。《答司马谏议书》以数百字的篇幅，针对司马光指责新法为侵官、生事、征利、拒谏四事，严加剖驳，短小精悍、言简意赅、措词得体，体现了作者刚毅果断和坚持原则的政治家风度。

王安石的政论文，不论长篇还是短制，结构都很谨严，主意超卓，说理透彻，语言朴素精练，"只用一二语，便可扫却他人数大段"（刘熙载《艺概·文概》），具有较强的概括性与逻辑力量。这对推动变法和巩固北宋诗文革新运动的成果起了积极的作用。王安石的一些小品文，脍炙人口，《鲧说》《读孟尝君传》《书刺客传后》《伤仲永》等，评价人物笔力劲健，文风峭刻，富有感情色彩，给人以显豁的新鲜觉。他还有一部分山水游记散文，《城陂院兴造记》，简洁明快而省力，酷似柳宗元；《游褒禅山记》，亦记游，亦说理，二者结合得紧密自然，既使抽象的道理生动、形象，又使具体的记事增加思想深度，显得布局灵活并又曲折多变。

（二）山水游记中的哲理思想

《游褒禅山记》是宋仁宗至和元年（1054年）王安石任舒州通判时写的一篇

王安石纪念馆

游记式的说理文章。作者以游褒禅山的见闻为喻，阐发了富有哲理性的见解，说明了在生活中要实现远大抱负，成就一番事业，或者是做学问，都必须具有坚强的意志，充沛的精力，坚持不懈，才能达到预期的目的。

这篇文章反映了作者的思想品格和他的治学态度，是他这一时期的代表作品。全文分为三个部分。从开头至"而予亦悔其随之，而不得极夫游之乐之"为第一部分，只写游山的见闻和经过；从"于是予有叹焉"至"此所以学者不可以不深思而慎取之也"为第二部分，主要写游山的感

"不畏浮云遮望眼，自缘身在最高层"——王安石

褒禅山

想体会；从"四人者"至"临川忘某记"为第三部分，记游山的同伴和时间，第三部分为古人写游记常用的格式，第一部分记游和第二部分说理则是文章的主体。

第一部分又可分为两层。第一层即第一自然段。文章首句开门见山点明所游之地，照应题目。接着，文章介绍了褒禅山名称的来历，考证了禅院的由来，引出了华山洞的位置及其命名原由的说明，为下一层记游叙述作铺垫。文章进而辨明碑文音读之误，为第四自然段的议论铺设伏线。作者没有运用彩笔去描绘山水的明媚秀丽，而着重通过事物本原的考查和探索，使景物方位分明，作者行踪清楚。这段文字看上去似乎显得"平淡"，但是，这都是作者妙笔独运之处。读者可以从"平淡"的记叙中领略景物各自不同的特点，也能从中体会到作者严谨的治学精神。细究这段文字，读者便可发现文章的条理非常清晰。

　　第二层即第二自然段。这一层作者紧扣一个"游"字，继续游华山洞的经过。第一句写"前洞"，仅用了十九个字便概括了它的特征，并为下文游"后洞"作比较、发议论做好准备。第二句写"后洞"，处处与前洞作对照，强调了后洞的"窈然""甚寒"，以及"好游者不能穷"的奇景。两调相互映衬，险者更险，夷者更夷，给读者留下了深刻的印象。作者用简洁的语言略写了前后洞的概况，便顺势而下，详细地记叙游后洞的情景。为了探求后洞的奥秘，"余与四人拥火以入，入之愈深，其进愈难，而其见愈奇"。这句话既是游后洞经过的概括叙述，又是下文议论的事实依据。由于作者不以记游为文章重点，而是借题发挥，抒发感想，所以下文没有继续写后洞之"深""难""奇"。作者笔锋一转，叙述出洞的原由："有怠而欲出者，曰：'不出，火且尽。'遂与之俱出。"这一"入"一"出"，作者深有感触。他

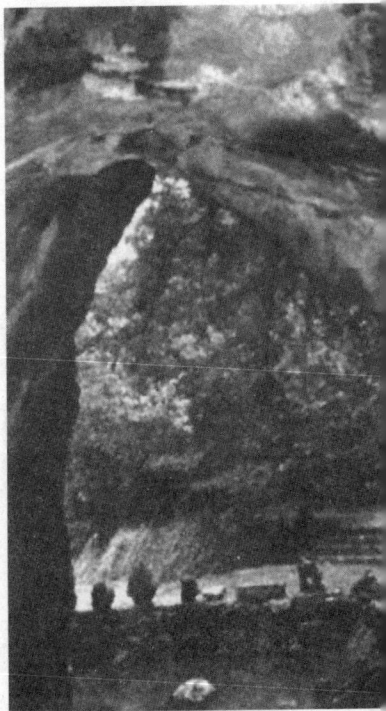

褒禅山华阳洞景区

"不畏浮云遮望眼，自缘身在最高层"——王安石

奇异瑰丽的景色常在险远之处

发现洞越深而游者越少，"予之力尚足以入，火尚足以明"，只因同游者欲出，自己盲目跟随，为自己"不得极乎游之乐"而悔之莫及；同时，从反面引出了生活中的哲理：无志者，难以事成。作者未能极尽游兴，游的方面内容叙述得少些是很自然的。而游前洞、后洞的继续也都是为下文说理议论作铺垫。

第二部分亦可分为两层。第一层即第三自然段。第一句"于是余有叹焉"，承上启下，文章由记游过渡到议论。作者先分析"古人之观于天地山川……往往有得"，是因为他们不只是观，而更重要的是他们能"求思之深而无不在"。接着，作者联系自己游洞的所见所闻，感到"夫夷以近，则游者众；险以远，则至者少"。由此作者体会到："世之奇伟瑰怪非常之观，常在于险远，而人之所罕至焉"；人们要想在"险以远"的道路上前进，到达预想的境地，"非有志者不能至""力不足者，亦不能至也"。作者在这里揭示了"志""力""物"这三者的辩证关系。首先必须有坚定的志向，其次必须有足够的能力，此外还得有外物的帮助，三者缺一不可。这是作者在这篇文章中借助记游所要阐明的一个重要道理。作者还认为，有力量可以到达险远境地而未至，他人就

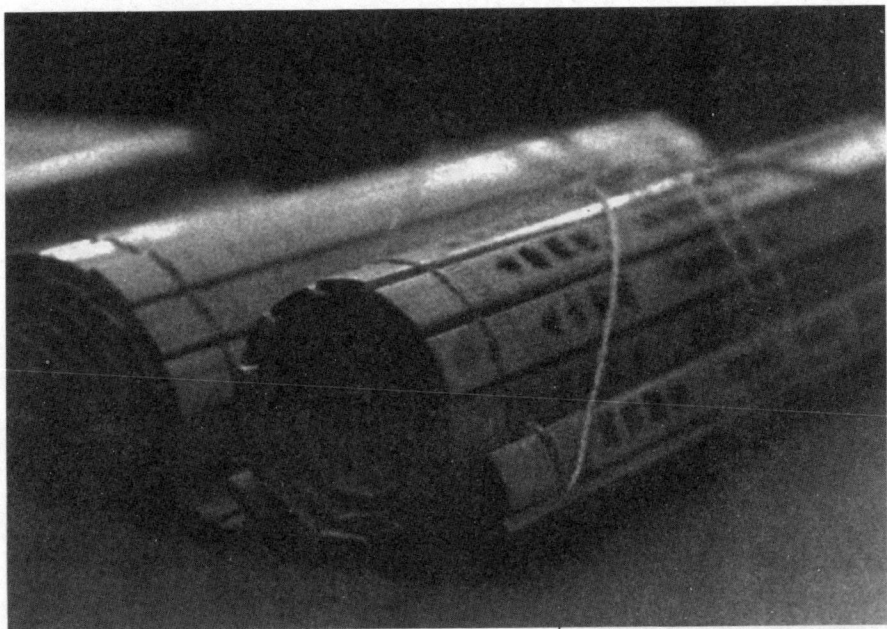

作者在山水之中联想到了治学

会嘲笑，自己也应悔恨；如果尽了自己最大努力而未能到达，别人就不能嘲笑，自己也于心无悔。"此予之所得也"一句，是对这一层议论作结，照应这一层第一句"于是余有叹焉"，文章前后呼应，首尾连贯。

第二层即第四自然段。这一层作者回应第一自然段中"有碑仆道"而就仆碑再作文章，提出了本文另一条重要道理："学者不可以不深思而慎取之也"。在写法上，作者先引自己想到许多年代久远的古书未能流传下来，致使"后世之谬其传而莫能名者，何可胜道也哉"为例证，最后得出"做学问必须深思而慎取"的结论。这一层阐

"不畏浮云遮望眼，自缘身在最高层"——王安石

117

《游褒禅山记》不似一般游记只描绘景色

明的做学问须深思而慎取的道理，是对前面提出的要到达险远境地，"志""力""物"三者缺一不可观点的补充，使其更为充实、周密。研究学问除有志、有力、有物相助以外，还得讲究方法——"深思而慎取之也"。至此，读者可以理解作者在第一自然段中选取与治学态度有关方面记游的匠心。

第三部分为文章的结尾，记同游者姓名和游山的时间，这是古代游记散文的常用格式。这段文字既是对"余与四人拥火以入"补叙，又照应了前文，文字紧凑，富有感染力。清代刘熙载认为王安石写文章在取材和立意方面有其独到之处。他说"荆公文是能以品格胜者，看其人取我弃自处地位尽高"。又说："介甫文于下愚及中人之所见，皆剥去不用，此其长也。"（《艺概·文概》）《游褒禅山记》在取材与立意上，确实与众不同。它没有像一般游记详细描绘山景，而只是记了一块仆碑和游华山后洞的情景，其余一概略写或不写。一般游记文章往往寄情山水，娱心悦目，或者抒发羡慕隐逸之情；而这篇游记则是通过游记形式来谈论生活中的哲理和治学精神，蕴意深刻。

　　这篇文章记叙和议论紧密结合，记叙时句句为后面议论做伏笔；议论时，又处

王安石通过山水游记来探寻生活哲理

"不畏浮云遮望眼，自缘身在最高层"——王安石

王安石将抽象的道理阐述得生动形象

处紧联前面记叙，前后呼应，环环相生，记叙使议论的抽象道理阐述得生动形象，议论使具体的记叙增加思想深度。无论记叙还是议论，作者运笔详略得当，重点突出。游华山洞，作者以后洞为记游重点。第二部分所阐述的两条道理中，说明第一条道理作者用墨如泼，极力渲染；说明第二条道理作者惜墨如金，高度概括。这样详略得当的写法，有力地突出了文章的重点。